先生を、死なせない。

妹尾昌俊／工藤祥子

教育開発研究所

目次

第4章 いま、何が必要か——識者との意見交換を通じて・165

はじめに　教え子からの手紙

「卒業式の時、『絶対にみんな俺より先に死ぬな、何かあったら相談に来い』と命の大切さを語っていた先生が一番先に逝ってしまうなんて」

「人生で初めての身近な人の死が先生でした」

「先生に話したいときは空を見て話します」

２００７年6月25日。私（工藤）の夫、工藤義男は、くも膜下出血で亡くなりました。勤務先での過重な業務が原因でした。

本書では、夫のことを含め、数多くの教師の過労死等について、

・なぜ起きるのか
・どうして繰り返されるのか
・いますぐにでも、どうしていく必要があるのか

などについてお話しします。夫のようなことを二度と起こさないために。

横浜市立中学校の教員だった夫の通夜、葬儀には、平日にもかかわらず、のべ2000人ものご参列をいただき、教え子、卒業生、保護者、同僚、友人の皆さんが悼んでくださいました。

生前それだけ慕われた「教師」であった夫の死は、どれだけの悲しみを与えてしまったでしょうか。

他界後、多くの教え子、卒業生、保護者の方々から100通を超えるお手紙を頂きました(写真)。冒頭で紹介したのは、その一部です。折に触れ弔問に訪れたり、しばらく我が家に通ってくれたりした生徒さんもいました。

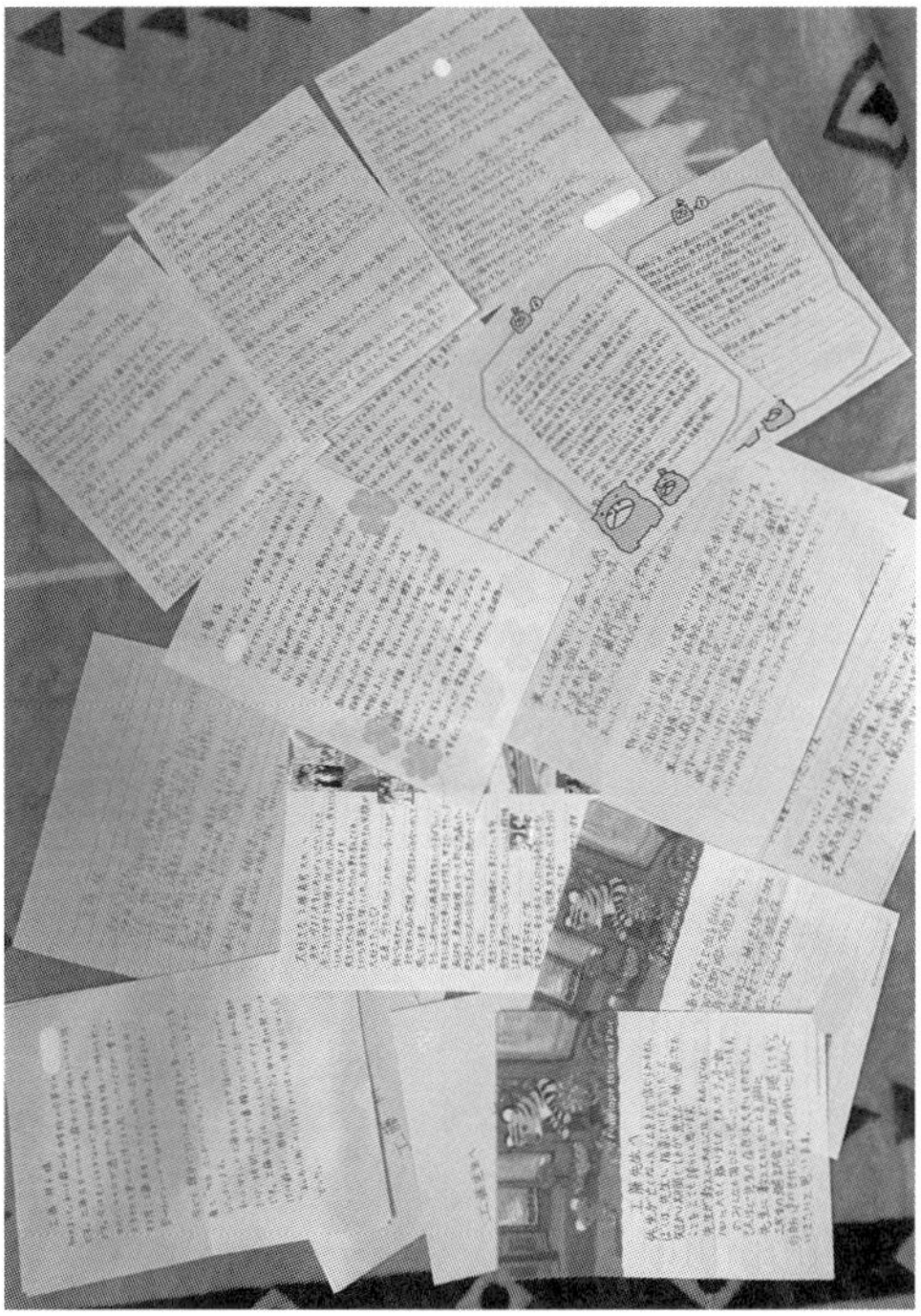

教え子たちからの手紙

不眠不休の末に

夫、義男が倒れる前年、前任校では学年主任に加え、生徒指導専任を任されていました。「専任」と付いているように、通常ではあり得ない兼任でした。保健体育の教諭であり、サッカー部の顧問、進路指導なども担っていました。

異動したばかりの中学校では、異例となる転任直後の生徒指導専任を任されましたが、引き継ぎと言えるほどのものはまったくない状態で、たいへん戸惑っていたことを覚えています。

朝7時前から学校に行き、夜9時近くまで残業し、家でも持ち帰り仕事でパソコンに向かう日々でした。生徒が校外で問題を起こせば駆けつけ、保護者や地域からの苦情にも対応し、週末は部活動指導で、休む暇などありませんでした。

約1年前の健康診断と脳ドックでは問題のなかった夫が倒れる直接の引き金になったのは、6月中旬の修学旅行の引率でした。担当学年でもなかった夫は「修学旅行には行きたくない」と珍しく弱音をこぼしていました。いま思えば、前任校からずっと働きづめだった疲労が溜まりに溜まっていたのだと思います。あのとき、止めていればと、悔やんでも悔やみきれません。

修学旅行は不眠不休状態の2泊3日で、帰宅した時はひどい頭痛で寝込みました。その後やっと行けた病院で倒れ、そのまま亡くなりました。40歳でした。

幸せになる力を育む教育現場で

「人は死ぬために仕事をするのではなく、生きるために仕事をするのです。人生を楽しむための仕事になりますように」。

これは私が講演や学生さんへの授業の際、必ずお話しする言葉です。

夫は教師という仕事のなかで、そして教師であるがために、命を落としてしまいました。これからの未来を育む学校で、子どもたちに「死」を見せてしまいました。葬儀の際には、泣きながら「自分たちのせいで先生を疲れさせてしまってごめんなさい」「先生が亡くなったのに学校に行きたくない」と言う生徒さんもいました。

夫の死は、思春期の子どもたちに心の準備もなく突然、死に向き合わせ、喪失感と悲しみを与えてしまいました。心のよりどころをなくし、夫の死は自分のせいだと感じてしまった生徒さんも多くいました。単に1人の教師の死で済むことではなく、**「子どもたちのため」に**もたいへん不幸なことなのです。

「学校は幸せになるための力をつけるところ」。そうおっしゃる校長、教育関係者は多くいます。子どもたちのウェルビーイング（幸福、心身ともに良好な状態などの意味があります）を大切にすることは、OECDをはじめ、各国の教育政策のなかでも重視されています。日本の学習指導要領でも「生きる力」や「学びに向かう力」ということが強調されています。

しかし、教師の命と健康が危機に瀕するなかで、どうして、子どもたちの「幸せになる力」や「生きる力」を育めるでしょうか。

教師の過労死は、「**幸せを育むのとは真逆の教育**」となってしまっているのではないでしょうか。

でも、夫だけが悪かったのでしょうか。

先生死ぬかも

共同執筆者の妹尾です。読者のみなさんは、工藤さん夫妻の話をどう感じられたでしょうか。

「とても気の毒なことだと思うけれど、過労死にまでなるのは、相当特異なこと、特殊ケースではないか」。

そう思われた方もいるかもしれませんが、日本の教師の過労死、過労自死等はけっして稀なことではありません。詳しくはこのあとの第1章で紹介しますが、私たちの独自調査では、ここ48年あまりで少なくとも96人もの先生が過労により亡くなられたり、障害を負われたりしていることがわかっています。

しかも、これとて、過労死等の申請手続きに進んだケースや報道で明らかになった事案のみですから、「氷山の一角」に過ぎません。

2020年の夏、「#先生死ぬかも」というハッシュタグがTwitterでトレンド入りするなど、話題となりました。呼びかけたジャーナリストのたかまつななさんは、「そのぐらい先生方が大変なんです。声をあげましょう。コロナで教育にあまり予算まわらず、私は悲しいです。学校の先生方が疲弊しています。。」と訴えました。

私もこの呼びかけに共感した一人ですが、正確には**「先生死ぬかも」ではなく、たくさんの先生が「死んでいる」**のです。私たちは、まずこの事実を一人でも多くの方、社会に知ってもらい、いまの教育現場や政策のあり方を見つめなおす契機としたくて、本書を書きました。

事実確認すらままならない

本書の概要とねらい（書いた動機）について、もう少し共有させてください。三点あります。

第一に、**日本の教師の過労死等の事実を明らかにする**ことです。実は、文部科学省も厚生労働省も、各地の教育委員会やマスコミ、大学等の研究機関も、**教師の過労死等がいつどこで何件発生しているのか、その背景には何があるのか、だれもきちんと把握できていません。**国の統計でも、そこまでの調査はされていません。

私たちの調査も、「氷山の一角」と述べたとおり、全貌を明らかにできたわけではありませんが、政府の情報などよりもはるかに詳細に一人ひとりの事案に向き合い、事実に迫りました。

医師が薬を処方したり、手術をしたりするときには、適切な診断が欠かせません。それと同様に、事実確認と背景・要因を探っていくことなくして、効果的な対策や政策が打てるはずがありません。本書ではこの空白を少しでも埋めていきたいと思います。

「失敗」から学んでいるか

第二に、いまも日本中の先生たち（教職員）や行政職員等（文科省や教育委員会の職員、文科相や教育長ら）は、一生懸命に子どもたちのために尽力いただいています。ですが、**過去の過ちや「失敗」と向き合い、そこから学ぶということができていない**のではないか、と私たちは捉えています。

亡くなったことを「失敗」と呼ぶのは、語弊も抵抗感もあるかもしれません。ですが、その人の命を救うことができなかったという意味で、その職場における大きな過ち、失敗であったと言えると、私たちは捉えています。

誤解のないように申し添えたいのですが、ご本人やご家族の失敗、問題と捉えているわけではありません。個人的な要因というよりは、学校等の組織的な問題が過労死等につながっているためです。

そして、もっとも問題なのは、大勢の教職員や行政関係者が、**過去に起きた過労死等のことを知りもしない**ということです。

ある先生が過労死したとき、ほとんどの関係者はひどく悲しみ、二度と繰り返してはならないと感じます。ですが、10年も経つと、風化してしまうことも多々あります。公立学校では人事異動も頻繁にありますし（およそ3～5年ごとに転勤します）、ここ十数年は各地で世代交代が大規模に進みつつあります。かつて大量採用された世代が定年を迎え、若手の教職員が急増しています。ある自治体では教員の約半数が経験年数10年未満です。ですから、そもそも過労死等があったことも知らないし、そこからの教訓も引き継がれていないのです。

第1章、第2章で詳述しますが、ここ数年で起きた教師の過労死等の特徴（たとえば、過酷な勤務状況となった背景、校長や同僚のサポートの有無など）は、20年前、30年前の事案と酷似するケースが多くあります。

なぜ、悲劇は繰り返されてしまうのか。この点を分析し、教訓を引き出し、多くの方に伝えたい。それが本書の二点目のねらいです。

働き方改革の形骸化、残業の「見えない化」にあらがう

第三に、ここ数年、社会全体の動きに押されるように、学校においても「働き方改革」は大きなムーブメントとなってきました。企業等からは遅れて数十年、やっとのことではありますが、公立学校や私立学校においてもタイムカード、ICカード等で出退勤時間を管理するのは当たり前になってきました。部活動についても週2日の休養日を設ける動きなどが徐々に広がっています。

「5年前までは本当に部活動指導がしんどかった。いまもけっしてラクではないけれど、ずいぶん違ってきている」

「保育園の送り迎えをしている私はいつもすみません、すみませんと言って退勤していたが、最近は職場の雰囲気が変わってきた」

そうおっしゃる先生たちもいます。

その一方で、現実は楽観視できないどころか、**むしろ働き方「改悪」となっている**のではないかと感じるところもあります。

ひとつは、働き方改革が早々に形骸化しつつある現実です（詳しくは第3章で扱います）。その最たる例が**勤務時間の虚偽申告、過少申告の横行**です。

いまはどこの都道府県・指定都市の教育委員会（教職員の任命や人事を担っています）でも、時間外

の在校等時間を「月45時間以内にする」とか、いわゆる過労死ラインである「月80時間オーバーをゼロにする」といった計画を立てています。この目標を達成できない場合、教育委員会から怒られる、「指導」が入るということで、校長や副校長・教頭のなかには、「この時間におさめてください」と教職員に声をかけたり、ひどい場合は記録を書き換えたりする例まで一部にはあります。

あるいは、教員側にとっても、時間外が多いと、教育委員会や校長等から「指導」を受けたり、忙しいなか産業医の面談を求められたりして面倒なことになるので、自らすすんで過少申告する人もいます。

・職員室ではタイムカードを押したあとも仕事をしています。
・土日、部活動や成績処理で出勤した日には誰も押していません。
・18時頃になると「とりあえず、俺の分も押しといて」と言って、仕事を続ける人もいます。
・勤務時間管理が厳しくなって、自宅への持ち帰り仕事が増えました。

こういう声も教育現場からは多く聞こえてきます。

いまの勤務実態を誰も正確に把握できていないというのは、問題を見えなくさせていますから大問題です。

すべての学校がこうだというわけではけっしてありません。記録を正確に付けているところもありますし、働き方改革、業務改善を着実に進めている学校もあります。ですが、残業の「見えない化」が進んでいる職場も多いのです。

これでは、教師の過労死等はなくならないどころか、今後も増えてしまうかもしれない。この危機感が本書を出した理由のひとつです。

本書の構成

第1章では、教師の過労死等の実例を紹介しながら、先生たちが過労で亡くなったり、重い精神疾患にかかったりすることがけっして珍しいことではないこと、二、三十年前に起きたことがごく最近でも起きていることなど、現実の一端を紹介します。併せて、100件近い教師の過労死等の事案を収集、分析した上での特徴（死因、校種、時期など）を解説します。

続く第2章は、教師の過労死等が与える影響についてです。学校現場、職場への影響、家族への影響、児童生徒への影響などを扱います。

第3章では、どうして教師の過労死等が繰り返されてしまうのか、問題の深層に迫ります。現場の人手や時間の不足を考慮しない制度・政策、集団無責任体制、チェックと是正指導の機能不全など五つの要因を分析します。

第4章と第5章では、今後どうしていくべきか、考えます。第4章では、①教師の過労死等の訴訟を数多く扱い支援を続ける弁護士、②官民の過労死等を多数研究し、睡眠についても詳しい専門家、③教員のメンタルヘルスの支援を精力的に続けてきた精神科医それぞれとの意見交換です。

第5章は、1～4章までの分析などをふまえて、学校、行政、社会に必要なことを提案します。

つらい話が続きますので、正直しんどいと思いますが、できれば最初から最後まで通読していただけると、ありがたいです。

また、本書についてのご感想、ご意見、情報提供（お近くで起きた過労死等の疑いがある事案など）などもお待ちしています（巻末の筆者プロフィールにてメールアドレスを記載）。

「先生を、死なせない。」そのために、本書が読者にとって少しでも参考になれば、嬉しいです。

用語の説明

本書で「過労死等」と述べているのは、過労死等防止対策推進法の定義（第2条）を参照し、次のとおりとします。

ア　業務における過重な負荷による脳血管疾患（脳梗塞、脳出血など）・心臓疾患（心筋梗塞など）を原因とする死亡

イ　業務における強い心理的負荷による精神障害を原因とする自殺による死亡

ウ　死亡には至らないが、これらの脳血管疾患・心臓疾患、精神障害

ただし、業務との因果関係は明らかではないものの、過労死等の疑いが高いものも含めます。つまり、公務災害（民間でいう労災）認定されていないけれども、過重労働や職場のパワハラなどが原因で脳血管疾患、心臓疾患、精神障害となった事案などは、本書では過労死等に含めています。

第1章
教師の過労死等の現実

採用２年目、26歳の若すぎる過労死＊1

２０１１年６月６日（月）午前1時頃、堺市立中学校に勤務する**26歳の前田大仁《ひろひと》さんが１人暮らしの自宅アパートで突然亡くなりました。**採用2年目の若すぎる死、虚血性心疾患でした。

勤務校は、着任当初から荒れていて（タバコ、ガラスの破損など）、前田さんは新任なりに授業も工夫を凝らしていました。理科の先生で、写真や自筆のイラストがふんだんに盛り込まれたプリントがたくさん残っています。空き時間（担当する授業のない時間）にも、廊下などで教室を抜け出してくる生徒に声をかけたり、話を聞いたりしていました。

前田さんが亡くなったのは、2年生の学級担任として、熱心に取り組んでいた矢先でした。ほぼ毎週発行していた学級通信は、あたたかみが伝わるからと、手書きでした。1年目のとき、日本語が話せない外国人生徒が転校してきましたが、ベテラン教員のクラスは受け入れが難しかったため、若手の中で任せられるということで新任の前田さんが担任になったようです（2年目も担任）。

前田さんは、経験のない女子バレー部の顧問を務めていましたが、部員に的確な指導をしたいと本を読み込んだり、地域のバレー教室に通ったりしていました。強豪校だったこの中学校。前田さんは休日もほとんど部活動指導に携わっていたようです。

実は、倒れる数日前から38度を超える熱が出ていました。教頭からもしんどいなら休むように言われていましたが、前田さんは出勤を続けました。倒れる２日前の土曜日も、朝６時50分から自家用車を運転して生徒を引率し、試合を見守りました。

倒れるまでの6ヵ月間の時間外勤務は月60～70時間前後と過労死認定基準に満たない時間しか認められませんでしたが、授業準備やテストの作成、採点、部活動の生徒とのやりとりなどは「相当程度の自宅作業を行っていたことが推認される」として、地方公務員災害補償基金は、２０１４年に公務上の過労死として認定しました。

教育方法などを相談されていたお姉さんはこう話しています。

「弟は熱血教師だった。使命感と責任感が強かったため、担任と顧問の両方を任されたのかも知れないが、わずか2年目の未熟な教師でもあったと思う。学校全体でサポートしてもらえていたら、死を避けられたかもしれない。」[*2]

相次ぐ、熱血教師の過労死[*3]

東京都立高校の遠藤龍男教諭（39歳）は、２００２年2月、北海道への修学旅行から帰る途中、自宅の最寄り駅で倒れました。急性心筋梗塞でした。死亡前の1週間、入試や研究発表などの業務が重なり、時間外勤務は61時間にのぼっていました。

＊1　本事案については、地方公務員災害補償基金資料（「公務災害の認定について」２０１４年11月21日）をもとに作成。
＊2　『朝日新聞』２０１５年3月5日朝刊から引用。
＊3　『朝日新聞』２０１２年4月24日朝刊、同5月8日夕刊を参考に作成。

生徒指導、生徒支援という意味では、たいへん苦労の多い学校、クラスを受けもっていましたが、遠藤さんは一人ひとりの生徒に向き合い、夜遅くまで相談に乗ることもありました。修学旅行先では深夜まで見回りに当たっていたようです。

遠藤先生の死は、地方公務員災害補償基金の判断では公務災害として認められず、裁判にもつれこみました。教え子たちは10通以上の手紙を証拠として提出しました。先生が倒れてから10年後の２０１２年４月、東京地裁は「過労死」と認めました。

遠藤龍男さんの事案は、本書の冒頭で述べた工藤義男さんの過労死とも類似しています。保健体育の教諭で生徒へのケアなどにたいへん熱心だったこと、修学旅行の疲労が死に直結した可能性が高いこと、40歳前後であったこと。

26時まで仕事、小学校の先生も次々と倒れていく

過労死等は、中学校や高校だけで起きているわけではありません。

２０１６年1月20日、石川県野々市市立小学校の山口聡美教諭（51歳）は、**校内での研究会中に倒れて意識不明となり**、2月3日に死亡しました（くも膜下出血）[*4]。

山口さんは5クラスある1年生の学年主任を務めていました。２０１５年の夏以降、同じ学年の担任の産休などで、山口さんへの負荷が高まり、残業や自宅での仕事が多くなりました。土日も学校に行く

ことがありました。とりわけ、12月には同じ学年の2人目の産休（ならびに産休前の休暇）の先生の代わりの講師が見つからず、学年主任として悩み、そのクラスの丸付けや通知票の作成なども行っていたそうです。

遺族は公務災害認定の申請をしましたが、2018年9月、地方公務員災害補償基金石川県支部は公務上の災害とは認められない、としました。12月に講師が見つからなかったときも、他の教員（教頭、指導教諭ら）が分担して授業などを担っていたため、山口さん本人には過重な負担がかかっていたとは認められない、としました。

また、山口さんが倒れる直近1ヵ月には年末年始を挟んでいたため、通常よりも勤務時間が短かったことが、認定に影響した可能性があります。ですが、山口さんの死が本当に仕事と関係がないと言えるのか、私たちには疑問です。

山口先生が亡くなったおよそ8ヵ月後、2016年10月19日、広島県の公立小学校教諭Aさん（45歳）が、**公開研究会当日に倒れました**[*5]。指導主事（教育委員会の指導者役）による指導助言が始まった頃、Aさんはこめかみのあたりを押さえて、会場を出ました。倒れたのは、その直後のことでした。搬送された病院でくも膜下出血と診断されました。命はとりとめましたが、以後、休職状態が続いています。

＊4　地方公務員災害補償基金石川県支部「公務災害認定通知書」をもとに作成。
＊5　地方公務員災害補償基金の資料をもとに作成。

Aさんは3年生の主任でした。4月当初は2学級でスタートしたのですが、児童増で急きょ3学級になりました。学級再編成などの作業が増えた上に、新たに担任となった臨時採用の職員は担任経験がなく、その指導にも時間を割いていました。

同僚の話では、Aさんは細かい点まで丁寧に仕事をする人でした。

この小学校は、前年度から県の「学びの変革」事業のパイロット校に指定されていました。２０１６年の夏休み中も、8月26日が指導案の校長決裁締め切り日であり、学年会や中学年ブロックでの検討などを行っていました。研究発表に使うパネルの作成にも、7月中旬から9月にかけて取りかかっていました。

本人の申告では、9月から10月にかけて、自宅での持ち帰り仕事は被災前1ヵ月で60時間以上に及んでいました。10月に入ると、学年で事前授業を計画するなどして、研究授業の準備に追われました。同僚の証言によると、Aさんにとってあまり納得のいかない学習計画案になっていたため、流れやワークシートについて思い悩んでいたそうです。指導案の見直しを何度も行い、パネルの作成や板書を何度も考え直していました。

3学年は空き時間がほぼない状態でした。休憩時間にも給食指導、ノートの丸付けや点検、児童の見守りなどがあり、休憩は取れていませんでした。

学力テストについて、自治体内で学校の平均が一覧で出る自治体でした。テストスコアを上げるため、朝学習や昼学習に、教師も子どもも追われていました。

児童が学校にいる間はノートやプリントの丸付けまで手が回らないときもあり、持ち帰り仕事をせざるを得ない日が続きました。放課後も会議などがありました。「まずは学校の仕事、個人の仕事はその後で」と言われていたそうです。

遅くまで仕事をしていると、管理職から「持って帰って家でしたら」と言われたこともありました。学校によると、資料の入ったＵＳＢメモリをほぼ毎日持ち帰っていました。教頭が管理する持ち出し簿に記録が残っています。

前年度、同じ5学年を担当した同僚によると、前年度に本人は「夜遅くまで仕事をし、暗いうちから起きている」という話をしていました。以前から仕事を持ち帰って睡眠時間を削る状況が続いていたようです。別の同僚も、「いつも熱心に仕事をしていた。手を抜くことがない」と言っています。

以下は、Ａ先生が倒れる前日からの行動記録です。

【前日】

7時　出勤／　7時42分～18時56分　勤務／　19時40分　帰宅／　19時40分～21時　子どもの世話、夕食など／　21時～21時48分　雑務／　21時48分～26時　仕事／　26時　就寝

【発症当日】

6時　起床／　7時　出勤／　14時45分　被災

前日は深夜2時まで仕事をして、4時間眠るか眠らないかで学校に向かいました。発症1週間前の記録でも、子どもを寝かしつけたあと、土日を含めて連日深夜1時頃まで仕事をしていた様子がうかがえ

ます。

山口聡美さんと広島のAさんの事案もまた、かなり似ていることにお気づきになった方も多いことでしょう。

・産育休や学級増などで急きょ人事変更があり、学年主任であった山口さん、Aさんに過重な負担がかかるようになったこと。

・本人の仕事のみならず、若手教員の指導、育成などでも負荷が高まっていたこと。

・そして、授業研究会中に倒れたこと。

授業研究会というのは、教師が死の危険を冒してまで行わないといけないことなのでしょうか。教師を死の危険にさらしてまで、学力向上は必要なのでしょうか。

激務の教頭も倒れている

1999年6月、東京都の公立中学校の教頭（49歳）が亡くなりました（心筋梗塞）[*6]。**教頭になって2年目、数ヵ月にわたって学校行事が重なり、多忙を極めていた矢先**でした。

公務災害と言えるのかどうか。遺族側と災害補償基金側では時間外勤務時間をめぐって、大きく見解が分かれました。遺族側は倒れる直前の1ヵ月で100時間近い時間外があったと主張したのに対して、基金側の認定は約50時間でした。当時はタイムカードなどもなかったためです。

訴訟にまでもつれ込んだ結果、東京地裁は警備日誌において、この教頭が最初の登校者である日が5

割以上であり、その出勤時刻のほとんどは朝7時10分よりも早いこと、また、この教頭が最終の下校者である日の退勤時刻の平均が夜8時よりも遅いことなどを重視し、約89時間（5月）、約99時間（4月）、約113時間（3月）の時間外勤務を認めました。

勤務校の校長は、この教頭の残業が過重ではないと供述しましたが、裁判所は、校長の認識は客観的事実と齟齬があり、「校長が残業の実情を十分に把握していないことが窺われる」と述べています。

教頭が倒れる2日前、複数の生徒が1人の生徒にビルから飛び降りを強要しているとの地域住民の通報がありました。このとき校長は修学旅行の引率で不在だったため、教頭が責任者として対応を迫られました。教頭職としての過重な負担が1年以上にわたり続いていたことに加え、この出来事で心理的負荷を高めたことが死の引き金となった可能性があると裁判所は認定。公務上の死亡であるとしました。

自ら命を絶つほど、追い詰められていく現実

過重労働で追い詰められ、あるいは校長等からのハラスメントや保護者とのトラブルが引き金となって、教師が自死するケースもたくさん起きています。

２００６年６月、東京都新宿区立小学校の新任教諭（23歳）が亡くなっています[*7]。２年生の担任として着任してわずか２ヵ月後のことでした。

＊６　東京地裁平成23年２月17日判決文をもとに作成。
＊７　『朝日新聞』２００７年11月19日夕刊、２０１０年３月６日朝刊を参考に作成。

深夜まで授業準備をするなど多忙であったことに加えて、ある保護者から「結婚や子育てをしていないので経験が乏しいのでは」などの苦情を受けていました。２０１０年、地方公務員災害補償基金都支部審査会は、公務災害と認める裁決をしました。

裁決では、学年が1クラスで、相談できる同僚がいなかったことや、担任6人のうち4人が異動で替わったばかりで相談しづらい状況だったことをあげ、**職場での支援が不十分だった**と指摘しています。

遺書には「無責任な私をお許し下さい。すべて私の無能さが原因です」と書かれていました。

同じ年、東京都西東京市立小学校に勤務していた新任教論Bさん（25歳）が、採用されてわずか半年後の10月に自殺を図りました[*8]。Bさんは意識を取り戻さないままその2ヵ月後に亡くなりました。

Bさんは、2年生の学級担任で、4月当初から自宅で夜中2時、3時まで初任者研修レポートや学級通信の作成、採点、教材作成などにあたることもありました。5月には、児童対応と保護者からの強いクレームが続き、相当強い精神的な負担を感じていました。

Bさんが母親あてに送ったメールには「仕事、毎日睡眠削っても全然追いつかないぐらいで」（6月）、「睡眠時間三時間くらいの仕事漬けの毎日でストレス感じて」（7月）などと綴られていました。Bさんは6月頃、同僚に次のように話していたそうです。

「学級内のトラブルを校長に相談すると、**まず『あなたが悪い』と怒られる**し、言えずにいると後になって『何で言わなかったのよ』と怒られるし、どちらにしても怒られる」。

Bさんは8月末までは病気休暇を取り9月1日から復帰しましたが、その後も保護者対応に苦しみ、保護者からは深夜や休日にも、携帯に電話がかかってきました。

10月、校長はBさんに無理せず病気休暇を取得するよう勧めましたが、Bさんは、勤続を希望。以前の初任者研修で、「病休・欠勤は給料泥棒」「いつでもクビにできる」という言葉もあったことがほかの初任者の証言等からもわかり、Bさんは相当悩んでいたと推測されます。

数日後、Bさんは病気休暇を取ることにしましたが、10月、自殺を図りました。

本件では地方公務員災害補償基金が自殺と公務との因果関係を認めなかったため、遺族（両親）は裁判に訴えることになりました。

結果、一審に続き、東京高裁でも2017年2月に公務災害と認める判決が出て、確定。死後10年以上経過しての勝訴でした。

一審の判決では「学校等による支援が十分に行われていたとは認められず」と指摘しています。二審でも、児童・保護者対応について新任教諭が「保護者に情報を伝える際には、上司らから手厚い指導が必要であったと考えられるのに」、「そうした指導が行われた形跡はない」こと、その後のさまざまなトラブルでBさんは悩んでおり、「担任になって間もない新任教諭にとって、相当の精神的負荷を与える事象であった」と認定しました。**職場において「適切な支援が行われていたものとは認められない」**と述べています。

＊8　東京地裁平成28年2月29日判決文ならびに東京高裁平成29年2月23日判決文をもとに作成。

自殺をはかる1週間前、出勤前に母親にあてたメールが残っています（原文ママ）。

「毎日夜まで保護者から電話とか入ってきたり連絡帳でほんの些細なことで苦情を受けたり…つらいことだらけだけど、体が動くうちはなんとか行き続けることにした。泣きそうになる毎日だけど。。。私、**こんな気分になるために一生懸命教師を目指したんやない**んに。おかしいね。今日も行ってきます」。

周囲のサポートがなく、孤立を深めた末に

２００４年にも静岡県磐田市立小学校の新任教諭、木村百合子さん（24歳）が亡くなっています（自死）＊9。

木村さんは、担任した4年生のクラスで、4月当初から指導の難しい児童の暴力や教室飛び出しへの対処に苦しみました。加えて4月下旬には、クラス内でのいじめも発覚しました。木村さんは初任研の資料に「次々起こるいろいろなことに、とても対応しきれていない。つらい。」と記載しています。その後も、児童によるトラブルはたびたび発生し、学級崩壊状態になりました。

木村さんの死は公務上の要因によるものか、それとも個人の弱さの結果なのか、裁判にまでもつれ込む争いになりました。静岡地裁の判決では、経験の浅い木村さんがクラス運営に「苦悩しながらもできる限りの努力や責任感をもって」対応していたことを認め、**新規採用教諭に対し「高度の指導能力を求**

めること自体酷」と認定し、公務災害としました（高裁でも認定）。

木村さんを追い詰めた要因は、児童との関係、保護者との関係など、多岐にわたりますが、職場でのサポートのなさもそのひとつと考えられます。もっとも身近にいた研修主任からは、「お前の授業が悪いから（児童）が荒れる」「アルバイトじゃないんだぞ。ちゃんと働け」などの叱責を受けたといいます。

地裁判決では、学級が木村さん一人のみでは対処しきれない状況に陥っていたと認定し、そのことを学校側も十分に把握することは可能であったにもかかわらず、**適切な支援が行われなかった**と判断しました。校長の認識としては「いたずら小僧に手を焼いていた」程度にとどまっていたし、初任者研修資料に記載された悩みに対しても、指導教員は深刻さを認識しないままでした。教頭や他の同僚も代わりに授業に行ったり、見回りをしたりはしましたが、「一時的・応急的なものにすぎず（中略）問題を根本的に解決するものではなかった」のです。高学年担任の会議でも、木村さん個人に問題があるという認識で進み、「支援という方向での検討が一切見受けられない」ものでした。

こうして教師になったばかりの木村さんは孤立を深めていきました。

2学期に入り、児童がチャンバラをしていて怪我をする事故が起きた際には、教頭から「なんで（事故を）止められないんだ」「問題ばかり起こしやがって」と言われ、つらくてたまらなかった、と木村さんは母に告げています。また、保護者から「先生はちゃんと子供の話を聞いていますか？」「先生の

＊9　静岡地裁平成23年12月15日判決文、久冨善之『日本の教師、その12章―困難から希望への途を求めて』（新日本出版社、2017年）22〜29頁、朝日新聞教育チーム『いま、先生は』（岩波書店、2011年）62〜71頁をもとに作成。

方も過剰に反応しすぎだと思います」などという手紙を受け取りました。その翌日、木村さんは自分の車の中で灯油を浴び、焼身自殺しました。着任してわずか半年後のことでした。

こうつらい話が続くと、本書を閉じてしまう人も多いかもしれませんが、あと少しだけ紹介します。

福井県若狭町立中学校の**新任教師、嶋田友生さん（27歳）は採用されてから半年後の２０１４年10月、自分の車内で練炭自殺**しました[*10]。

嶋田さんは採用される前に講師経験がありましたが、勤務校の授業スタイルに悩んでいた様子でした。嶋田さんは1年生の学級担任や社会と体育の教科指導をしながら、野球部の副顧問として指導にあたっていました。週末も野球部の練習などがあり、休みは月２、３日ほどしかありませんでした（７・８月を除く）。

使用していたパソコンなどの記録から、４~９月の時間外業務は各月１２８~１６９時間に上ったと見られています（８月を除く）[*11]。ある生徒をめぐっての保護者対応でも苦心しており、５~７月のあいだにこの保護者とは4回も面談をしました。6月に精神疾患を発症したと見られており、２０１６年に公務災害と認定されました。

嶋田さんは日記を欠かさず付けていました。

亡くなった年の5月の日記には「授業の準備が追いつかず、時間もなく、眠るのが怖い」（８日）、「寝たいが、そうすれば、仕事が回らなくなるということの状態をどうしたもんかと思いつつの一日だった。にしても疲れた」（９日）、「**今、欲しいものはと問われれば、睡眠時間**とはっきり言える。寝ると不安だし、でも体は睡眠を求めており どちらへ進むも地獄だ。いつになったらこの生活も終るのだろう」（13日）と綴られており、この時点で相当追い詰められていたことがうかがえます。

6月20日の日記には「生徒A母との面談を19：00より行う。どう話しても、烈火のごとく反撃がくるので、もう完全にお手上げだ。こりゃ担当降ろしの書名（引用者注：署名）も夢ではないような気がしてきた。あまりに疲れて考える気力もわかない」とあり、業務量の多さと長時間労働に加えて、保護者対応などをめぐるストレスがとても高かったことがわかります。

図表1－1　嶋田友生さんの自死に関する福井地裁の判決要旨

- 使用者は、労働者の業務遂行に伴う疲労や心理的負荷等が過度に蓄積して労働者の心身の健康を損なうことがないように注意する義務（安全配慮義務）を負う。この理は地方公務員においてもあてはまる。
- 校舎のセキュリティ記録（最終退庁者の記録と時間等）から、校長は、嶋田教諭が午後11時台まで残って仕事をしていること、翌朝6時台に出勤していたことなどを把握しており、仕事の優先順位を決めて退校時間を早くするように求めていた。
- また、校長は嶋田教諭が担任となったクラスで生徒のトラブルがあり、嶋田教諭が学年主任とともに保護者対応にあたっていたこと、授業の進め方について苦心していたことなどを認識していた。
- 校長は、嶋田教諭の業務が過重なものとなっており、心身の健康状態を悪化させ得るものであったことを認識可能であった。それにもかかわらず、早く帰宅するよう促すなどの口頭指導をするにとどまり、業務内容を変更するなどの措置をとらなかったのであるから、校長は、安全配慮義務の履行を怠ったものといわざるを得ない。
- 嶋田教諭の時間外労働は4月および6月に160時間に近いものであって、強い心理的負荷の伴う業務に長時間従事したと認められる。精神疾患は業務の過重性を原因として発症したものと認めるのが相当である。
- 嶋田教諭は平成26年6月頃に業務を原因とする何らかの精神疾患を発症し、その後も8月を除き時間外が100時間を超える業務に従事していたことなどから、嶋田教諭の自殺は業務により発症した精神疾患に基づくものであったと認めるのが相当である。

出所）福井地裁令和元年7月10日判決文をもとに作成

＊10　福井地裁令和元年7月10日判決文をもとに作成。

＊11　なお、これらの残業時間は、1日45分の休憩時間を控除した数字です。実際は休憩を取れていなかった可能性が高いため、時間外勤務時間はもっと長かった（月10～15時間程度プラス）可能性が高いと思われます。

繰り返しますが、1年目の先生の話です。加えて、上司や指導担当者からの厳しい指導もあり、精神的な負担が大きかったとされています。

その後、遺族は県と町を訴えて裁判で争いました。嶋田さんが自殺したのは、校長が過重な勤務を軽減するなどの措置を取らなかったためだとして（校長の安全配慮義務違反を認定し）、福井地裁は2019年7月、県と町に約6500万円の損害賠償の支払いを命じました（図表1－1）。

嶋田先生の日記の表紙には「疲れました。迷わくをかけてしまいすみません」と書かれていました。

4人の新任教諭の死に共通すること

1年目の先生がこうして亡くなっていることについて、みなさんはどうお感じになったでしょうか。「教師になることが夢だった若者が、なぜ、死を選ぶほど追い詰められたのか」「どうしてこうも同じ悲劇が繰り返されてしまうのか」と私たちは感じずにはいられません。四つの事案は少なくとも次の点で共通しています。

・新任なのに重責を負わされ、周囲の同僚のサポートは少なかった。
・保護者等の理不尽な要求、もしくは特別な支援が必要な子へのケアで悩み、苦しんでいた。
・校長や指導者役が、新任教諭を守るどころか、むしろ傷つけ、精神的に追い込んでしまった側面もある。
・授業準備に加えて、初任者研修の準備、指導案の作成、部活動指導、事務、学級運営など、さまざまな業務が重くのしかかった結果、長時間労働が続き、睡眠時間や休息を犠牲にした。その結果、心と体を壊すほどになってしまった。

「私が悪かった、ごめんなさい」という謝罪が残っているケースもありますが、本当に教師になったばかりの彼らのせいだったのでしょうか。

自死に至るまでの精神状態は正常ではありません。極度のうつ状態になり、自責の念が増幅して、死以外の選択肢を思い描くことができなくなっていた可能性があります。

嶋田さんの父親は、難しい保護者対応を新任教諭に任せきりだったことについて、それが学校では当たり前になっていたこと、他の先生も自分の仕事で手一杯で手助けできない状況だったことを問題視し、20人余りの集団が嶋田さんの変化に気づかないというのは、おかしいと述べています[*12]。

特別支援学校でも

岐阜県立郡上特別支援学校に勤務していた2年目の講師（24歳）が、2013年に亡くなり[*13]、2

＊12　TBS NEWS 報道特集2022年2月12日（YouTubeにて視聴可能）。http://www.tbs.co.jp/houtoku/archive/20220212_2.html（2022年6月30日確認）

＊13　「郡上特別支援学校講師自死事案に係る調査報告書「概要版」https://www.pref.gifu.lg.jp/uploaded/attachment/125668.pdf（2022年6月30日確認）をもとに作成。

０１７年に公務災害と認定されています。

この先生は高等部生徒の進路支援を担当。さまざまな業務をこなすなかで過重な業務が重なり、また同じ進路支援部の上司である教諭からミスを叱責され、そのミスを繰り返し指摘されるなどの不適切な指導があったことなどが負担となり、この講師は精神疾患を発症していました。管理職は状況を十分に把握しておらず、支援もできていない状態でした。

そんななか、２０１３年5月、進路支援部の教諭から電話で叱責を受けたのをきっかけに関市の渓谷のつり橋から飛び降りました。地方公務員災害補償基金は、理不尽な叱責によるストレス反応により自殺に至ったと指摘しています。

１００件近い、教師の過労死等の事案を収集、分析

前田大仁先生（大阪）、遠藤龍男先生（東京）、山口聡美先生（石川）、A先生（広島）、工藤義男さん（神奈川）、そして自死された先生方。こうしたことは、けっして特異なこと、珍しいこととは言えません。類似した事案が多いのです。

以下に、私たちが収集した１００件近くの教師の過労死等のデータについて分析し、過労死された先生方が置かれていた状況や原因などについての検証を通して、過労死等の防止策を探っていきます。

(1) データの収集方法

私（工藤）は、夫が他界したのち、２０１３年から全国過労死を考える家族の会の公務災害担当とな

り、何件かの教師の過労死等の事案と関わるようになりました。その中で、我が家の例と他の事案の起こる条件や過程に類似点が多いことに気づきました。これを分析することで過労死等の防止につなげることはできないかと思うようになったのです。

そこで、私が実際に支援に関わったり見聞きしたりした事案、裁判の判例集、新聞記事等で調べた事案、相談事案、合計96件を集め、被災年月日、性別、当時の年齢、勤務校種、勤務地、疾病名、生死、疾病の場所や状況、それぞれの事案の原因となる詳細、認定の有無、どの段階で認定もしくは不認定になったか、死亡から認定・不認定までに要した年月を拾い出し、まとめました。

もちろん、これらは私が知る限りの事案なので、氷山の一角です。

その証拠に、全国の多くの先生とお会いすると必ずのように「同僚が亡くなったが、過労死だと思います」と話されますが、そうした事案はここには載っていません。

また、収集した事案はすべて公立学校のものです。私立学校や国立大学附属学校においても、教師の過重労働は看過できませんが、十分には情報収集ができませんでした。

また、相談も数多く受けていますが、特に過労死等と思われる重大な事案が10件ありました。そのうちの8件は死亡事案、2件は精神疾患離職事案です。いずれも公務災害申請を考えましたが、長時間労働の記録や、パワハラ言動の証拠や証言がなく、また学校に接触しても、箝口令《かんこうれい》が敷かれているのかと思うような対応で、申請は諦めざるを得ませんでした。

このように、多くの先生方が「過労死したと思われる」事案が、単なる病死や精神疾患による自主退職とされてしまったかと思うと、やりきれない思いです。

そして今回は収集した総数96件の中から、相談事案以外の「公立学校」で起こった「教師」の脳・心臓疾患、自死事案合計82件（うち救命７件）に絞って、過労死等の傾向や原因、その問題点について分析しました。

(2) 集計・分析結果

①病名・死因

脳疾患30人（37％）、心疾患19人（23％）、自死28人（34％）、その他５人で脳疾患が多い状況です。平成29年度地方公務員の過労死等に係る労働・社会分野に関する調査研究事業（教職員等に関する分析）でも、教師の脳疾患による死亡割合が多いことが指摘されています*14。

注目したいのは、脳疾患の中でも脳出血やくも膜下出血のような出血系疾患では死亡等が27件（うち救命1件）、梗塞系疾患では1件であることで（図表1－2）、脳梗塞という血管が詰まる病気より、脳出血という血管が破れて出血して亡くなるケースが圧倒的に多いということです。

以下は脳・心臓疾患の労災認定の基準に関する専門検討会報告書より、過労により脳・心臓疾患を発症するプロセスを解説したものです。

「現行認定基準においては、発症前の長期間にわたって、「著しい疲労の蓄積をもたらす特に過重な業務に就労したこと」を認定要件として掲げている。これは、業務を遂行することによって生体機能に引き起こされる多様なストレス反応（職務不満足や抑うつなどの心理的な反応、血圧上昇、心拍数の増加、不眠、疲労感などの生理的な反応、疾病休業、事故などの行動面での反応などをいう）について、恒常的な長時間労働等の負荷が長期間にわたって作用した場合には、ストレス反応は持続し、かつ、過大となり、ついには回復し難いものとなり、この疲労の蓄積によって、生体機能が低下し、血管病変等が増悪することがあると考えられるからであり（略）現時点での医学的知見に照らしても妥当と判断する。」（「脳・心臓疾患の労災認定の基準に関する専門検討会」報告書、２０２１年７月）

図表１－２　過労死等の病名・死因別人数

病名・死因		人数（人）
脳疾患		30〈37%〉
	くも膜下出血	13
	脳疾患（出血系）	14
	脳梗塞	1
	その他脳疾患	2
心疾患		19〈23%〉
	心筋梗塞	10
	心不全	4
	その他心疾患	3
	大動脈破裂	2
自死		28〈34%〉
その他（突然死など）		5
合計		**82**

出所）以下図表１－７まで、筆者らの調査によるもの

つまり、ここからメカニズムを簡単に説明すると、長時間労働等が続いて疲れが取れなくなると、疲

＊14　総務省委託調査研究「平成29年度地方公務員の過労死等に係る労働・社会分野に関する調査研究事業（教職員等に関する分析）」（２０１８年３月、独立行政法人労働者健康安全機構労働安全衛生総合研究所過労死等調査研究センター）

労が蓄積されていき、生体機能が低下して血管病変等が増悪し、脳・心臓疾患が発症するということになります（出血系が多い原因については、第４章１８３頁でも触れています）。

②性別（図１－３）

全82件中、男性が62件（76％）、女性が14件（17％）でした（不明６件）。病名・死因別に見ると、脳疾患では男性22人、女性８人、心疾患は男性18人、女性０人、自死事案では男性18人、女性６人でした。小学校等では女性の割合が多い職業であるにもかかわらず、男性の過労死等が多い傾向がわかりました。

③発症年齢（図表１－４）

発症年齢は40～49歳が31件（38％）、50～59歳が21件（26％）、30～39歳が17件（21％）、20～29歳が７件（９％）です（不明６件）。病名・死因別に見ると、脳疾患では40～49歳がダントツの19件、そして50～59歳が７件です。心疾患では50～59歳が７件、次に30～39歳と40～49歳が各５件と続きます。また自死はどの年

図表１－３　過労死等の性別別人数

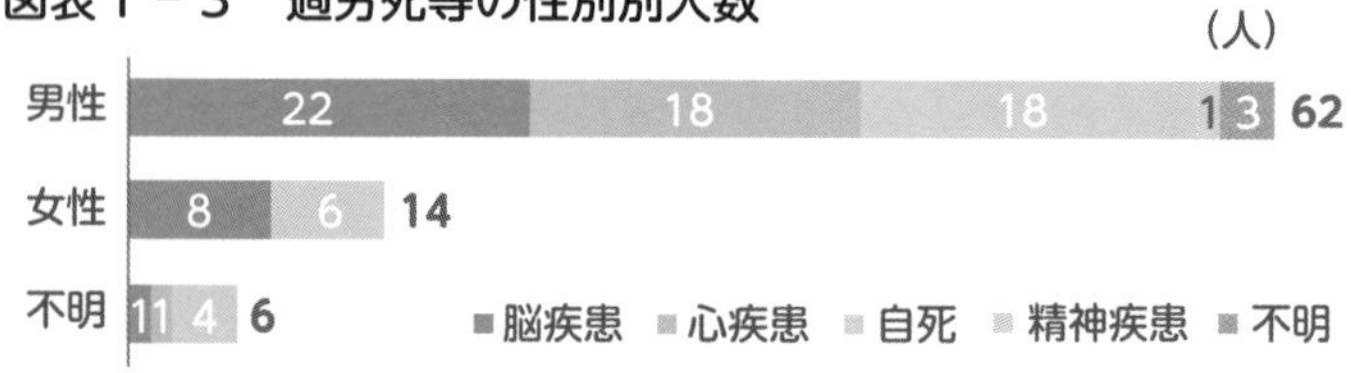

図表１－４　過労死等の発症年齢別人数

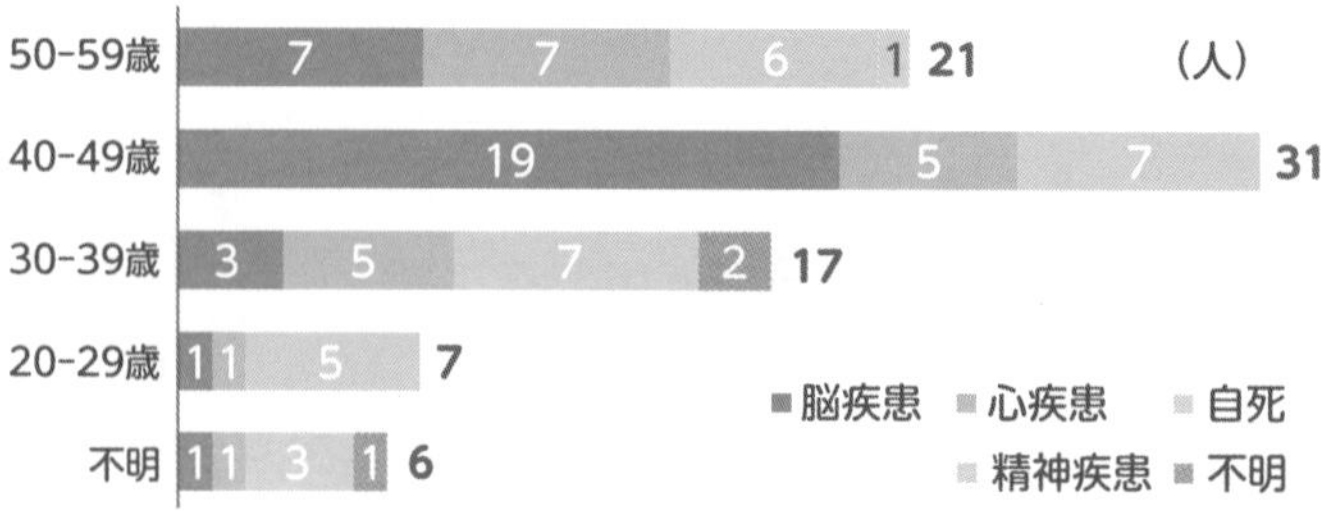

代もだいたい同じくらい起きています。

④学校種（図表1－5）

中学校が30件（37％）、高校が25件（30％）、小学校が23件（28％）、特別支援学校が2件（2％）です（不明2件）。病名・死因別では、脳疾患が小学校9人、中学校11人、高校11人、心疾患が小学校4人、中学校6人、高校9人、自死は小学校9人、中学校11人、高校4人、特別支援学校2人です。中学校と高校では脳・心臓疾患が多く、小学校、中学校では自死される先生が多いです。どの死因も多いのが中学校です。

⑤役職（図1－6）

82人中、校長1人、教頭3人、何らかの主任、専任、主幹教諭19人、新任教諭5人、上記以外の教諭39人です。教諭に次いで何

図表1－5　過労死等の学校種別人数

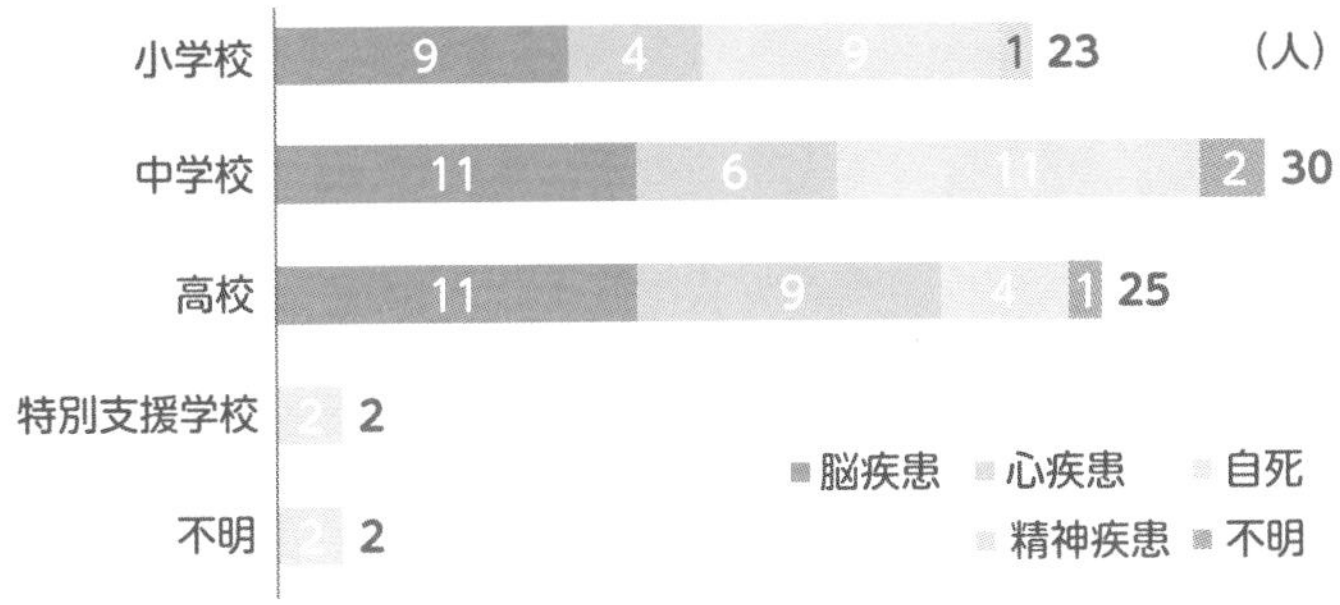

図表1－6　過労死等の役職別人数

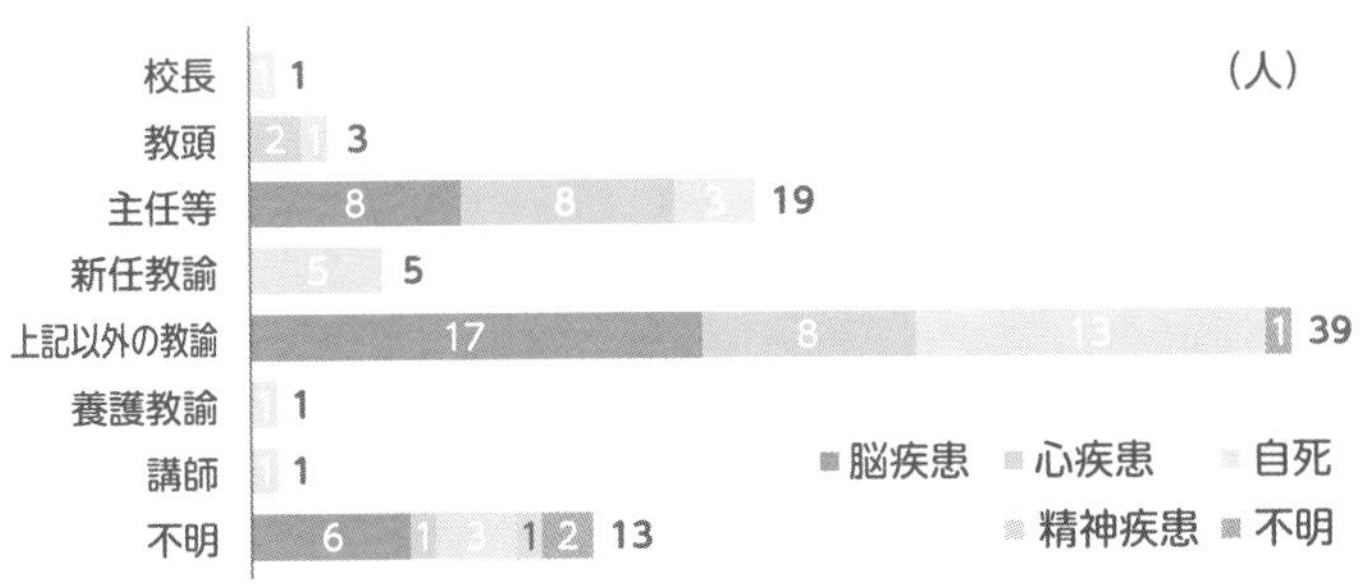

らかの主任等の死亡率が高く、そのうちのほとんどが脳・心臓疾患で亡くなっています。主任等の年齢が40代前後とすると、この役職のこの年齢層の責任と業務が重く、過重過密長時間労働の末、過労死していることがわかります。

また、新任の先生の死亡事案5件全てが自死によるものです。1年目の先生に無理をさせ過ぎない環境づくり、政策がもっと必要だと思いますし、校長や周りの同僚は、新任の先生に悩みはないかなど、ケア・サポートしていくことが大切です（詳しくは54頁コラム①参照）。

⑥月別（図表1－7）

一番多いのは6月と10月の10件です。ただ、6月は

図表１－７　過労死等の月別人数

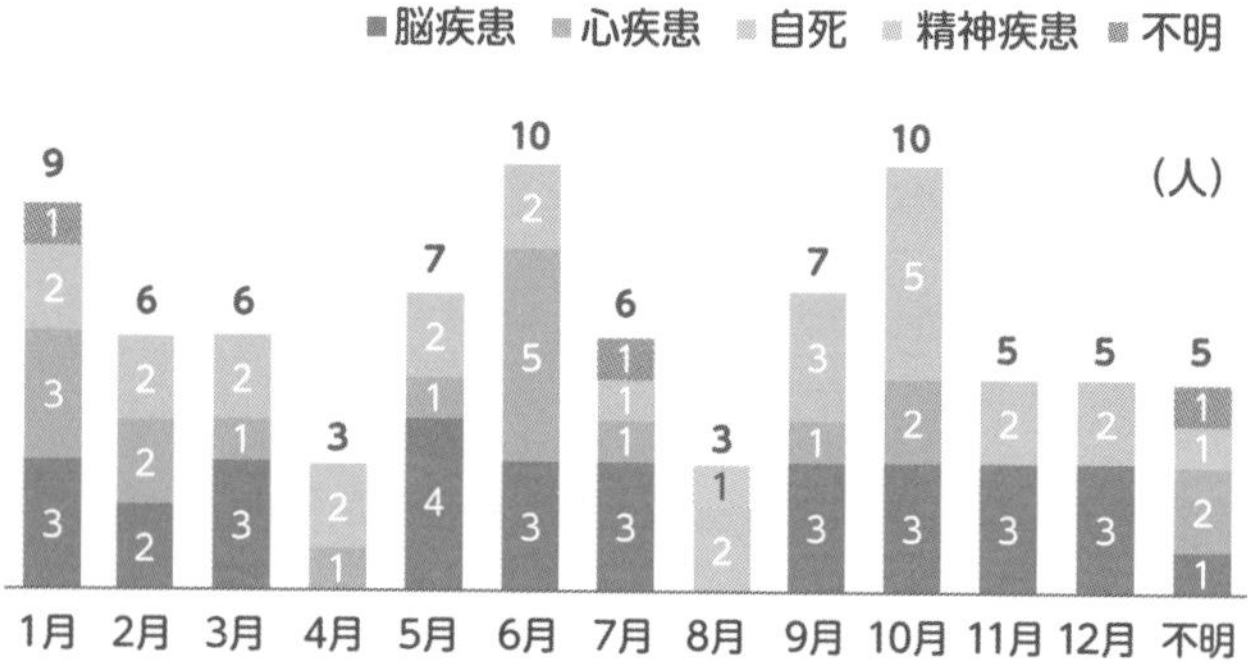

図表１－８　（参考）繁忙期の月（教職員調査）

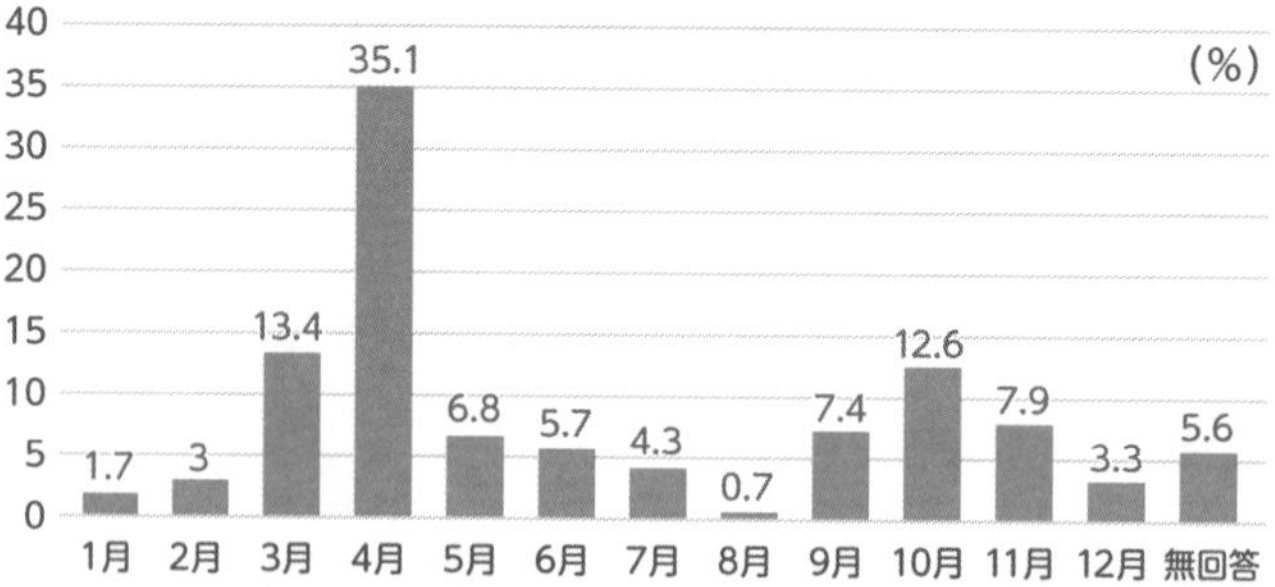

（資料出所）厚生労働省・文部科学省「平成29年度過労死等に関する実態把握のための労働・社会面の調査研究事業」（委託事業）
（注）割合（%）については四捨五入しているため、合計が100にならない場合がある。

出所）厚生労働省「平成30年版過労死等防止対策白書」第４章　第1-2-22図を引用

脳・心臓疾患8件に対して自死が2件、10月は脳・心臓疾患5件に対して自死が5件と内容が違います。次に1月が多く、脳・心臓疾患6件に自死が2件です。

6月は、新学期が始まってからたくさんの新たな業務が重なり、その疲労の蓄積が行事などの多い6月に顕著に出てくることによる発症であり、10月は心身の疲労の蓄積と行事の多さ、また1月は2学期の心身の蓄積疲労が冬休みで回復せずに発症していると考えられます。

逆に、脳・心臓疾患の発症は8月では0件、4月では1件です。また8月に自死された方は部活動関係を要因とした自死でした。

脳・心臓疾患、自死は年間を通じてまんべんなく起こっているものの、脳・心臓疾患が特に多い5月、6月、10月、1月、自死が特に多い9月、10月には、業務が多く長時間労働で睡眠不足になりやすいなどの共通点があります。なお、図1－8は、厚生労働省の「平成30年版過労死等防止対策白書」で示された、教職員が一番忙しかった時期についての調査結果です。

⑦公務災害申請の認定

公務災害の認定は、地方公務員災害補償基金内で29人、地方裁判所で18人、高等裁判所で18人となっています。

地方公務員災害補償基金内でも、支部処分庁、支部審査会、本部審査会と3段階あるので、処分庁と審査会や本部審査会で公務上とされた人の間では認定まで数年の差が出ます。

⑧認定までの年月

他界から認定までの年月（公務上・公務外問わず）は4年以内が11人、5～9年が14人、10～14年が11人、16～19年が4人です。

私（工藤）の夫の事案では、支部審査会で5年半かかりましたが、喪失感と認定されるかどうかへの不安、証拠集めなど闘いのつらさで心身ともに衰弱し、生きることが大変な日々でした（76頁コラム②「公務災害認定までの長く険しい道のり」参照）。認定までに10年以上かかっている方がこんなにも多いことはたいへん驚きです。

地方公務員災害補償基金は「補償を実施し、並びに公務上の災害又は通勤による災害を受けた職員の社会復帰の促進、被災職員及びその遺族の援護、公務上の災害の防止に関する活動に対する援助その他の職員及びその遺族の福祉に必要な事業を行うため」のものです（地方公務員災害補償法3条）。

責任を問うためのものではなく、補償と支援のためのものですが、こんなにも長い時間がかかることは苦しみでしかなく、抜本的な改善が必要だと思います。

⑨過労死等が起きた都道府県

82件の過労死等事案は31都道府県で起きています。16の県では過労死等ゼロということになりますが、これらの県では過労死等が表に出ていないだけかもしれません。

(3)　特徴的な原因

過労死等の原因は一つではなく、いくつもが絡み合うことで、過労死等が引き起こされています。たとえば我が家の事案では、役職、転任後1～2年以内、行事後、長時間、過密過重労働などが絡み合って過労死に至りました。

82件の過労死事案の分析の中で、特に特徴的だった原因を六つあげます。

①原因がはっきりわかっている68人のほぼ全員に、長時間労働、1人にかかる過密労働が原因として見られます。

②役職について、19人の方が主任相当（主任、専任、主事、部長など）の責任職についていました。これは教頭3人、校長1人に比べても圧倒的に多いです。この主任相当の方々の仕事の内容を見ると、全員が多くの校務分掌や他の役職を兼務するなど、1人にかかる仕事の量・種類が多いことがわかります。

③明らかに部活動が原因に影響している方が13人いました。この中には、部活動引率時に過労死や過労自死された方、部活動の保護者対応に苦慮された末自死された方もおられ、部活動は命がけになっている現実が確認できました。

④転任後1～2年以内に被災された方が12人いました。転任後は、新たな環境に慣れるだけでも大変で

すが、そこに過重な労働、困難な学級、人間関係、支援のなさなどの負荷がかかると過労死等につながることがわかります。

⑤行事後に被災した方が9人、特に修学旅行引率後が5人、体育祭後が2人、卒業式、遠足後が各1人でした。我が家も修学旅行が引き金となりました。修学旅行での不眠不休の引率は心身ともにたいへんな負担です。修学旅行は超勤4項目に含まれますが、それでも連続20時間近い勤務が数日続き、だいたいが6、7月など過労死等が多い多忙な時期と重なることもよくあります。引率後の帰宅中に倒れた方も2人おられました。

⑥荒れた学級（困難学級、児童生徒からの暴言）、保護者クレーム、教職員間のトラブル（サポートのなさやパワハラなど）は、それぞれ違う事案に見えますが、かなり複合しています。

たとえば、困難学級や保護者対応が主な原因であっても、その裏には教師間のサポートのなさがあるために過労死等が起こっているという因果関係があります。そのことをふまえ、特に大きな原因とされた主訴から分析すると、荒れた学級は8人、保護者クレームが3人（荒れた学級と2人重複）、サポートのなさが7人、上司・同僚からのパワハラが4人、これらが原因の方はいずれも過労自死されています。これらの自死は、教職員間のサポートがしっかりとできていれば防げた事案ではないでしょうか。「同僚性」がとても脆弱になっているように感じます。

パワハラについては民間企業においてもたいへん問題になっており、2020年6月、パワーハラスメントの防止に関する法律（改正労働施策総合推進法）が施行され、中小企業は２０２２年４月にその対象となり、民間ではハラスメントの防止・対策を行うことが義務化されています。この法律の内容はまだ十分とは言えませんが、厚生労働省のＨＰには、パワーハラスメントやセクシャルハラスメントなどに関して、事業者が講ずべき措置やパワーハラスメント対策マニュアル、研修資料などが列挙されています。

ハラスメントには、マタニティハラスメントやカスタマー（保護者等も含む）ハラスメント、時短ハラスメントなど多くのものが存在します。今後は学校でも、ハラスメントについてもっと問題意識をもって研修などを行う必要があります。実際に厚生労働省のＨＰのハラスメント関係資料の中の「カスタマーハラスメント対策企業マニュアル」には図表１－９の学校における事例が掲載されています。

図表１－９　カスタマーハラスメントに関する企業の責任

3.3 カスタマーハラスメントに関する企業の責任

企業及び事業主として適切な対応をしていない場合、被害を受けた従業員から責任を追及される可能性があります。

以下の事例は、保護者による教諭に対する理不尽な言動があった際に、当該教諭の管理監督者である校長に損害賠償責任が追及された事例です。

裁判例①　カスタマーハラスメントに対して不適切な対応をとったことで賠償責任が認められた事例（一般企業事例に類似するもの）

市立小学校の教諭が児童の保護者から理不尽な言動を受けたことに対し、校長が教諭の言動を一方的に非難し、また、事実関係を冷静に判断して的確に対応することなく、その勢いに押され、専らその場を穏便に収めるために安易に当該教諭に対して保護者に謝罪するよう求めたことについて、不法行為と判断し、小学校を設置するA市及び教員の給与を支払うB県は損害賠償責任を負うと判断されました。

<甲府地判平成30年11月13日より要約>

出所）厚生労働省「カスタマーハラスメント対策企業マニュアル」17頁から引用

⑷　学校・教育行政への示唆

教員勤務実態調査などから、教師は長時間労働が常態化していること、そして精神疾患による休職者の多さから、学校が精神疾患を起こしやすい職場であることがわかっています。これらをベースとして今回の分析結果を考えると、何が問題で、どのように働き方を変えていけばよいかが浮かびあがってくると思います。

たとえば、脳・心臓疾患、特に出血系の脳疾患の死亡が男性、特に40～59歳で多いこと、主任職に多いということから、この年代への業務負担を減らすこと、また、部活動や行事関連の過労死等が多いことから、これらの業務の見直しをするなど、たくさんの具体的な改善点が出てきます。加えて、被災した後の公務災害申請についても、もっと申請しやすい環境を作り、被災者家族がきちんと救済される制度にしていくことなども求められます。

ぜひ、この分析結果を行政、管理者、教職員の皆様が生かし改善につなげていくことを心から願っています。

地方公務員の中で、教職員の過労死は突出して多い

次に、教職員を含む地方公務員の過労死等の状況を知るため、地方公務員災害補償基金（本書で何度も出てきますが、公務災害を審査、補償する機関です）がもつデータを参照します。民間でいうところの労災にあたりますが、同基金が公務災害の認定の申請を受けた件数と認定した件数が公表されています。

脳・心臓疾患による地方公務員の公務災害の直近の令和2年度の状況を見ると、49件の公務災害の申請受理があり、うち、教職員は20件（義務教育と義務教育以外を含む）です。これは警察や消防よりも多い件数です（図表1－10）。教職員のうち、死亡事案で受理されたものは8件。認定件数（これには

過年度受理したものを含む）で見ても、22件中8件で教職員はその他の職員（一般行政職等）に次いで多い職種です。

教育部門の職員は地方公務員数のうち約4割（令和3年4月現在で38・0%[15]）を占め、もともとの絶対数も多いことには注意が必要ですが、**脳・心臓疾患での教師の過労死等が他の公務員よりも多い**

図表1－10　脳・心臓疾患の職種別受理及び認定件数

職種　＼　年度	令和元年度				令和2年度			
	受理件数		認定件数		受理件数		認定件数	
		うち死亡		うち死亡		うち死亡		うち死亡
義務教育学校職員	8	3	9	4	15	7	6	2
義務教育学校職員以外の教育職員	10	1	6	2	5	1	2	0
警察職員	9	1	4	2	6	2	1	0
消防職員	8	1	1	0	4	2	2	1
電気・ガス・水道事業職員	1	1	1	0	0	0	0	0
運輸事業職員	0	0	0	0	1	1	0	0
清掃事業職員	1	0	0	0	2	1	0	0
船員	0	0	0	0	0	0	0	0
その他の職員	8	2	3	2	16	5	11	7
合計	45	9	24	10	49	19	22	10

注 職種は、地方公務員災害補償基金定款別表第2に定める職員の区分によるもの。

出所）地方公務員災害補償基金「令和２年度過労死等の公務災害補償状況について」（令和４年３月24日）２頁から引用

図表1－11　精神疾患等の職種別受理及び認定件数

職種　＼　年度	令和元年度				令和2年度			
	受理件数		認定件数		受理件数		認定件数	
		うち死亡		うち死亡		うち死亡		うち死亡
義務教育学校職員	23	1	8	1	23	2	10	1
義務教育学校職員以外の教育職員	20	0	14	7	15	3	6	2
警察職員	15	7	1	0	11	2	7	4
消防職員	14	3	5	1	10	1	7	2
電気・ガス・水道事業職員	3	0	1	0	3	1	2	0
運輸事業職員	1	0	0	0	3	0	0	0
清掃事業職員	1	0	1	0	2	1	1	1
船員	0	0	0	0	1	0	0	0
その他の職員	76	11	24	8	80	12	28	7
合計	153	22	54	17	148	22	61	17

注 職種は、地方公務員災害補償基金定款別表第2に定める職員の区分によるもの。

出所）同上５頁から引用

ことは事実です。

次に、精神疾患による地方公務員の公務災害の状況を見ると、直近の令和2年度では、教職員は38件受理（うち死亡5件）されています（図表1－11）。精神疾患についてもその他の職員に次いで多い状況です。

毎年350～500人の先生が亡くなっている

数だけの問題ではないとはいえ、もう少しデータを紹介しておきます。

地方公務員災害補償基金が保有する2010年1月から2019年3月までの期間に公務災害として認定された脳・心臓疾患事案と精神疾患事案を過労死等防止調査研究センターが分析した結果を参照します*16。

この約9年間に脳・心臓疾患として公務災害認定された件数は、義務教育の教職員は52件、義務教育以外の教職員（主には高等学校）は21件で、合計73件です。警察職員の31件、消防職員の7件などと比べても多いです。

精神疾患による自殺した件数は、義務教育の教職員で12件、義務教育以外の教職員で3件であり、合計15人が亡くなっています。

単純計算すると、毎年およそ8人の学校の先生が過労で倒れており、1人か2人は自殺しています。繰り返しますが、これらも「氷山の一角」に過ぎません。教員の過労死事案を多く扱っている松丸正弁護士は、「過労死は教師としてはあたりまえの長時間勤務から生じるため、過労死として認識されず、認定請求に至らず公務外の在職死亡とされている」のではないかと、実際の過労死等はもっと多い可能性が高いと指摘しています*17。

図表1−12をご覧ください。**実際、毎年350～500人もの教員が死亡**しています（文部科学省「学校教員統計調査」）。

ただし、これは過労死等とは限らず、病死や事故死も含まれます。私（妹尾）は国の審議会（中央教育審議会）で確認しましたが、文部科学省ですら、教師の過労死等の件数はまったく把握していま

図表1−12　離職の理由別離職教員数の推移

（人）

	小学校				中学校			
	2009年度	2012年度	2015年度	2018年度	2009年度	2012年度	2015年度	2018年度
病気	629	599	551	676	346	395	354	384
病気のうち精神疾患	(359)	(356)	(335)	(466)	(197)	(227)	(222)	(252)
死亡	221	194	179	123	146	152	108	114
転職	1,357	1,390	1,620	1,841	1,197	1,211	1,343	1,470
大学等入学	31	24	34	43	34	38	31	29
家庭の事情	1,721	1,894	1,807	1,689	737	885	806	888
職務上の問題	120	99	91	86	104	78	87	87
その他	2,335	2,120	2,127	2,341	1,792	1,717	1,441	1,500
合計	6,414	6,320	6,409	6,799	4,356	4,476	4,170	4,472

	高等学校				計			
	2009年度	2012年度	2015年度	2018年度	2009年度	2012年度	2015年度	2018年度
病気	258	277	280	300	1,233	1,271	1,185	1,360
病気のうち精神疾患	(123)	(124)	(130)	(154)	(679)	(707)	(687)	(872)
死亡	190	158	151	124	557	504	438	361
転職	1,152	1,365	1,627	1,983	3,706	3,966	4,590	5,294
大学等入学	69	58	30	41	134	120	95	113
家庭の事情	609	656	651	717	3,067	3,435	3,264	3,294
職務上の問題	71	101	130	87	295	278	308	260
その他	2,070	2,449	2,188	2,350	6,197	6,286	5,756	6,191
合計	4,419	5,034	5,057	5,602	15,189	15,860	15,636	16,873

注1：定年（勧奨を含む）退職は含まない。
注2：「転職のため」とは、高等学校以下の学校の本務教員以外の職業に就いた者（大学・短大等の教員、教育委員会を含む官公庁への異動、民間企業への就職等）

出所）文部科学省「学校教員統計調査」平成22年度、25年度、28年度、令和元年度をもとに作成

*15 ただし、これには教育委員会職員や社会教育施設職員、給食センター職員らも含まれています。
*16 厚生労働省「令和3年版過労死等防止対策白書」175～178頁
*17 松丸正「運動部顧問の教師、長時間勤務の下での過労死」『季刊 教育法』No.189、2016年6月、31頁、エイデル研究所

せん。基礎的な事実確認もなく、よい政策を立てたり、予算をとったりできるとは思えないのですが……。

年度により多少の差はありますが、毎年３５０～５００人の教師が死亡し、また７００～８００人が精神疾患のため退職しています。加えて、この調査には離職理由として「その他」という項目もあり、これに該当する人が毎年約６０００人います。精神的に非常につらい思いをして、あるいは体力的に限界まで来て退職した人のなかには、「病気理由で退職」とされずに「その他」となっているケースもあるかもしれませんし、行方不明（失踪）となってしまった人も「その他」に含まれている可能性があります。

公務災害の認定件数では教師の過労死等（自殺に至らなかった精神疾患を除く）は毎年10人いるかいないかです。毎年３５０～５００人が死亡していることをもって、過労死等がそれだけあるとは言えませんが、公務災害の手続きに上ってくる事案はごくわずかである可能性が濃厚です。オモテには出ていない多数の先生が苦しみ、教壇に立てなくなっているのです。

第1章のまとめ

☑ 児童生徒思いの熱血教師がたくさん過労死している。

☑ 1年目の新採教員の自死も相次いでいる。保護者との関係での困難、職場でのサポート不足など、いくつも共通点がある。

☑ 82件の過労死等の事案（公立学校教員）を集計したところ、脳疾患による過労死が多いこと、40代、50代、主任層が比較的多いこと、時期としては6月、10月、1月に多いことなどが判明した。主任らは学年運営（若手の育成・サポートなども含む）や学校行事、生徒指導などで何重にも重責を担っており、そのことが疲労蓄積につながっている可能性がある。

☑ 私たちの調査や他の公的なデータでも、教師の過労死等は一部しかわからない。現実には本書で紹介する何十倍もの先生が苦しみ、亡くなっている可能性が高い。

問い

問1－1　本章で紹介した実例や100件近い事案の集計・分析結果などから、あなたが感じたこと、また、学校や教育行政で留意する必要があることについて、リストアップしてみてください。

問1－2　あなたの学校（勤務校やよく知る学校）では、過労死等のリスクは高いでしょうか、あるいはほとんどないと言えるでしょうか。その理由を含めて、書いてみてください。できれば、同じ職場の教職員等と話し合ってみることをお勧めします。

コラム①　新任の先生を辞めさせず育てる（工藤）

第1章で分析した新任の先生の5件の自死のうち3件は、私が実際に支援をしたり近くで見聞きしたりした事案でした。また、相談事案でも新任の先生が精神疾患で辞職した事案が2件、死亡事案が1件あります。

その死亡事案と相談事案の内容は酷似しています。

・クラスで特に困難な児童生徒や保護者を抱えている
・クラスが荒れ、保護者からのクレームがひどい
・児童生徒や保護者への対応について管理職などから支援を受けていない
・逆に怒られる、責められる
・理不尽と思いながら保護者に謝るように強要される
・管理職以外からの支援もほぼなし
・長時間労働

みなさん、先生になりたくてやっと試験に合格したばかりの先生です。

上記のことが、もうすでに1学期で起こっていて、不幸にも1学期中に自死されたり、休職された後に2学期に自死や離職をされています。

ベテランの先生でも1人で解決するのが難しいようなことを、学生から先生になったばかりの方になぜ任せたのか、なぜそのクラスを担当させたのか、なぜ支援しなかったのか……。

休職された後のフォローがなぜできていないのか……。

また、私が知るほとんどの事案がこんなにも酷似していることも驚きです。

そして公務災害申請をされた3人の先生の学校では、管理職や周りの先生方が証言を拒み、また地方公務員災害補償基金でも「個人の脆弱性」として片付けられてしまいました。

みなさん、最終的には公務上災害と認められましたが、認定までに1人は地裁、もう1人は高裁までかかり、高裁までかかった先生は、被災したのは我が家の約半年前でしたが、認定は被災から約10年後でした。

相談事案の先生方は証拠が出せず、公務災害申請を断念せざるを得ませんでした。

私は時々、新任の先生方との懇親会に参加することがあります。

そこで語られるのは、「先生を続けられるかどうかは勤務校の運」という言葉です。

最初に聞いた時は衝撃を受けましたが、それは場所も人も違うどの会でも語られていて、当たり前のことなんだなと、この頃思います。

運の1番目は勤務校の管理職はじめ同僚の運、2番目に規模や多忙（研究校など）の運です。

個人的に話していても、周りの先生に恵まれてたくさん助けてもらったり、負担を減らしてもらったり、早く帰宅できて教師の職業を満喫できている先生と、過労死しそうですと長時間労働を訴える先生、管理職、上司の先生方の対応にたいへん傷ついている先生と両極に分かれているように思います。

そして、今満喫できている先生も、「他の学校に異動したら保証がないので、なるべく長く今の学校にいたい」と言っています。

教師になる人は、他の業種よりも、子どもの時からなりたいと思って大学に通い、採用試験を受けて希望を叶えた人が多いと思いますが、「運」によってそのキャリアに影響を受けてしまうことはあまりにも残念すぎます。

また学生時代、たいへんメンタルが強く、先生になりたい思いも強かった方が、「不運」と言われる学校で、長時間労働と孤独感でメンタルがボロボロになり教師を辞めたいと悩んでいる姿を見て、とても心配になります。メンタルがどんなに強くても、いろいろな要因が重なれば、人間誰でも心を病み、体を壊してしまうのです。

今の時代、１年目の先生方がすぐに担任をもち、自ら試行錯誤しながらがんばって先生としての経験と実績を身につけて成長していく、ということが、本当に「当たり前」なのでしょうか。

「自分の時もそうだった」という言葉で新任の先生を苦しめてはいないでしょうか。

学校の建物の構造は複雑で、その構造に慣れるまでにも結構な時間がかかったという経験は私にもあります。

学校は子どもを育てるとともに、先生を育てる場所でもあります。

小学１年生が学校探検から始めて学校に慣れていくように、先生１年生も、先生として子どもを教え育むためにはそれなりの環境と支援が必要です。しかも、今は昔と違い複雑な世の中で、教えることも多くなり、児童生徒や保護者も多様で難しさがあります。

不幸にも「不運」な学校に着任したら、いきなり「よろしく」と任されるのは新任でなくても大変なことです。現に、私たちが調べた過労死等の統計では、ベテランでも転任してから2年以内に過労死された先生が非常に多いのです。

先生の数が足りずに授業ができなかったり、教員採用試験の倍率が低下したりと、大変な問題が起こっています。

民間でも、ブラック企業に入りたい人はいません。

高校・大学での啓発授業（252頁コラム④参照）ではよく学生さんに、「ブラック企業の見分け方を教えてください」「ブラック企業に入らないためにはどうしたらいいですか」と質問を受けます。

一つの目安として、企業理念が高すぎ、1年後の離職率が高いところはしっかり調べたほうがよいという話をします。

民間企業の管理職になっている友だちは、「今の学生さんはシビアだよね」という話をしていました。採用時の面接でも、残業がどれだけあるかなどを質問されることがあるそうです。

また民間では働き方改革の中で、離職率を低くする工夫や、長時間労働をなくすなどブラック企業から抜け出す多くの工夫をされていて、そのような好事例をたくさん見聞きするようになりました。

ある会社の方が、「これからの少子高齢化の時代、人を大切にできない会社は生き残れない」と言われたことが印象に残っています。

民間企業はそれぞれの会社の生き残りのために、社運をかけて取り組んでいるのです。

教育の現場ではどうでしょうか。

新任の先生を大切にして、丁寧に育てることは、今後の学校現場にとっても社会にとっても最重要課題です。今、新任の先生もやがてはベテラン、管理職になります。その時にその先生がどのような先生に育っているか、どのような学校運営をしているか、それはもう新任の時から始まっています。

忙しくて見てあげることができないから仕方がない、という理由は成り立ちません。きちんと見てあげられる体制をつくれるような行政であるべきです。

学校は子どもたちと先生の大切な命を預かっている場所だからです。

教職の魅力を高めることは、それぞれの先生が仕事も生活も充実させて、児童生徒に向き合える環境を整えることです。先生方は学びたい、教えたい気持ちをもった方たちですので、自己研鑽は言われなくても時間があればやるはずです。

新任の先生がベテランになるまで安心して働けるような環境づくりが、早急に求められます。

（参考『新採教師はなぜ追いつめられたのか――苦悩と挫折から希望と再生を求めて』久冨善之・佐藤博編著、高文研、2010年）

第2章
教師の過労死等は何に影響するのか

電通事件より過酷な長時間労働の蔓延

第1章では、教師の過労死等の現実について、事案の詳細とデータ集計結果からわかることについてお伝えしました。こんなにも大勢の先生たちが亡くなっている、もしくは精神疾患で苦しんでいることに驚かれた方も多いのではないかと思います。

過労死等というだけで十二分に深刻なことですが、この章では、教師の過労死等の影響、重大性について考えます。三点に分けて解説します。

☑ 教育現場の異常とも言える過酷な労働環境への影響
☑ 家族への影響
☑ 子どもたち（児童生徒）への影響

その前に、読者のみなさんのなかには「過労死や自死といっても、ほんの一部に過ぎないのではないか」「一部の例を大げさに騒ぎ立てているのでは」「うちの学校では心配ない」と思われる方もいるかもしれません。

確かに、全国の小・中学校、高校、特別支援学校等の教員数は約百万人います（「学校基本調査」）。第1章で解説した過労死等の事案は、発生率としてはほんの僅かです。

しかし、これまで紹介したような悲しい物語は、**全国どこの学校で起きても不思議ではありません。**

なぜなら、ひとつには、何度も述べているように、過労死等としてオモテに出てくるものが氷山の一角に過ぎないこと。もうひとつは、大勢の教師が過労死ライン超えなどのたいへん危険な水準を超えて働いている事実があるからです。

最も信頼できるデータが文部科学省「教員勤務実態調査」（２０１６年実施）です。これは、小学校４００校と中学校４００校の先生に、10～11月のある1週間のあいだ、30分ごとにどんな業務に従事したか逐一記録をしてもらったものです。普通の調査は、「先週（あるいは先月）、何時間くらい働きましたか？」といった記憶に頼るもの[*1]です。しかし、この教員勤務実態調査は、記録に基づいています。記憶よりも記録が正確なのは言うまでもありません。

この調査によると、小学校教諭の33・4％、中学校教諭の57・7％が週60時間以上勤務、つまり月80時間以上の時間外労働をしており（1日8時間勤務で週5日、40時間労働に対し、週20時間以上時間外勤務がある計算です）、これは過労死リスクが高いとされる、過労死ラインを超えています。

しかも、このデータは学校内にいる時間についてのみの数字です。実労働時間としては、自宅等への持ち帰り残業を加えて考えたほうがよいでしょう。実際、堺市の前田先生（第1章20頁）のように、自

＊1　ＯＥＣＤのＴＡＬＩＳや、教職員組合等が実施している調査も多くは回答者の記憶に頼る調査です。ただし近年は、学校でもタイムカードやＩＣカードによる出退勤管理を行うところが増えてきたので、そのデータを使えば、記録に基づく実態把握ができます。ところが、一部には、「はじめに」で述べたとおり過少申告なども報告されており、タイムカード等も完璧ではありません。

宅残業等が長いケースもあるからです。

公表されているデータは平均値しかないのですが、この調査では1週間に小学校は約5時間、中学校は約4時間の持ち帰り残業があるというデータもあります。

したがって、週55～60時間労働の人でも、実際には週60～65時間働いている可能性が高いと言えます。こう考えると、実質的に週80時間以上勤務の過労死ラインを超える人の割合は、小学校教諭の57・8％、中学校教諭の74・2％にも上ります。

同じように計算すると、月120時間以上残業（週65時間以上勤務、持ち帰り残業も考慮）という、過労死ラインをはるかに超えて働く教員は小学校で17・1％、中学校で40・7％にも上ります。

2016年、電通の新入社員だった高橋まつりさんの自殺が過労死認定されたことは、社会的にたいへん注目され、国の働き方改革を大きく動かしました。

では、まつりさんがどのくらい過重労働だったかはご存じでしょうか？

労働基準監督署が認定したのは月105時間の残業、弁護士が入退館ゲートのデータをもとに集計した残業は月130時間を超えることがあったと報道されています＊2。

先ほどの120時間以上残業している人の比率を見てもわかるとおり、**多くの教師が高橋まつりさんと同じか、もっと長く働かなければいけない職場にいる**のです。

「私は大丈夫」とは言えない

「いや、それでも私は大丈夫」という人もまだいることと思います。

医学的な知見を確認しておきます。図表2－1は厚生労働省が作成した過労死等防止のリーフレットの最初のページに掲載されているものです。これによると、**時間外労働が月45時間を超えると、過労死等の健康障害のリスクは徐々に高まること**がわかっています。もちろん、この図の注釈にもあるとおり、労働時間だけでなく、肉体的・精神的な負荷が大きく、キツイ仕事であるなど、労働の質も影響してきますが、客観視しやすい労働時間で目安を定めているわけです。

　教育関係者（教職員や教育委員会

＊2　産経ニュース2016年10月21日

図表２－１　時間外・休日労働時間と健康障害リスクの関係

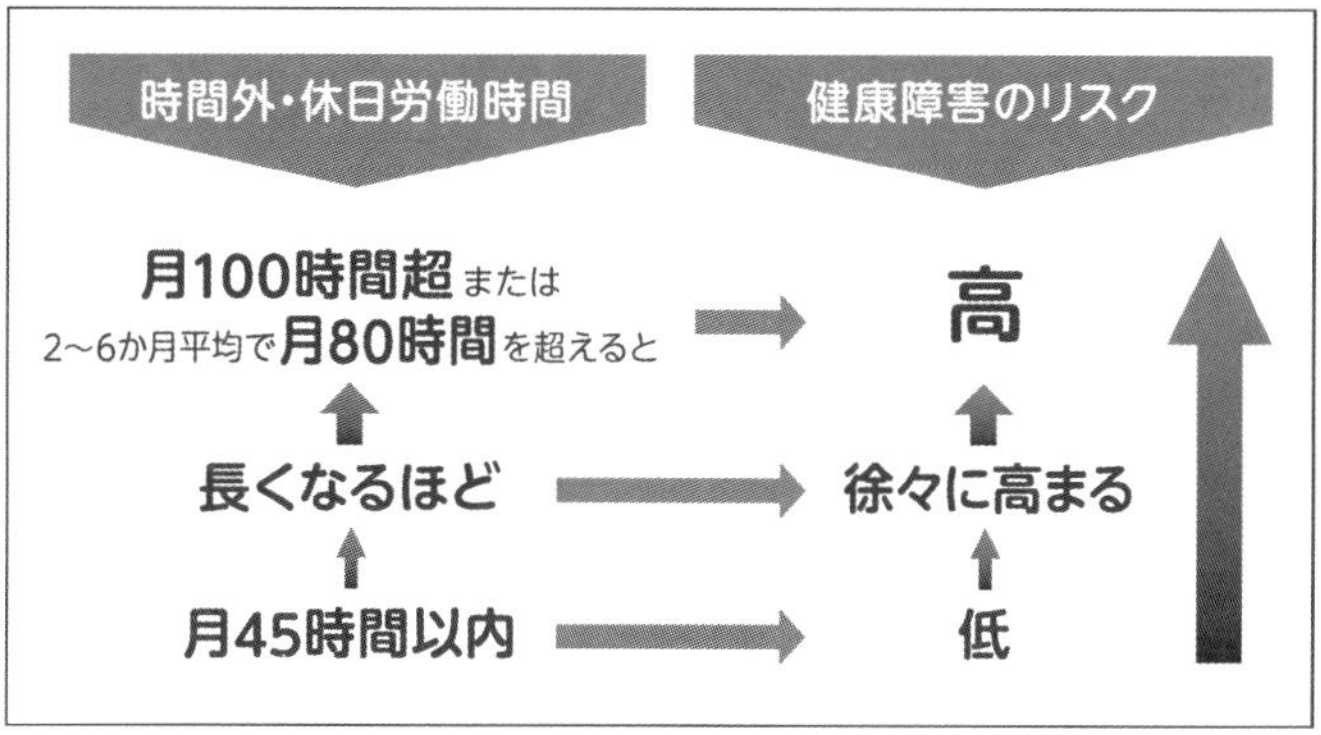

《注意》

①上の図は、労災補償に係る脳・心臓疾患の労災認定基準の考え方の基礎となった医学的検討結果を踏まえたものです。

②業務の過重性は、労働時間のみによって評価されるものではなく、就労態様の諸要因も含めて総合的に評価されるべきものです。

③「時間外・休日労働時間」とは、休憩時間を除き1週間当たり40時間を超えて労働させた場合におけるその超えた時間のことです。

④2～6か月平均でおおむね月80時間を超える時間外・休日労働時間とは、過去2か月間、3か月間、4か月間、5か月間、6か月間のいずれかの月平均の時間外・休日労働時間が、おおむね80時間を超えるという意味です。

出所）厚生労働省・過労死等防止に向けたリーフレット
https://www.mhlw.go.jp/content/11200000/000832979.pdf

職員）の方の中には、過労死ラインと呼ばれる月80時間オーバーが危険な目安であることを知っている人は多いですが、「80時間を超えなければ大丈夫」と誤解している人も多いです。
月45時間オーバーの先生たちはたいへん多いのが実態です（第3章153頁参照）。

さらに、図表2－2は民間企業で労災認定された案件を収集したもので、過労死等（脳・心臓疾患）となったものです。公立学校の教員についてのデータではありませんが、学校の先生だけが非常にタフでスーパーマン、スーパーウーマンであるということもありませんから、参考にできると思います。令和元年度と2年度の状況を見ると、月の時間外労働が60時間以上から脳・心臓疾患の過労死等が起きていることがわかります。ただし、長時間労働でないと、労災認定されにくいという可能性も高いですが。

同じく、民間企業の労災認定で精神障害と認定されたケースについて見ると（図表2－3）、これは、時間外労働時間が短めでも発生していることがわかります。業務の質や人間関係が影響しているためでしょう。精神的に追い詰められること、あるいはその結果としての自死は、労働時間が短めであっても、油断はできません。

残業麻痺する教育現場

教師の過労死等が起きるほどの教育現場では、いったい何が起きているのか、中原淳・パーソル総合研究所『残業学』（光文社新書、2018年）を参考にしながら、考察します。この本では、残業は「麻

図表２－２　脳・心臓疾患の時間外労働時間別（１か月又は２～６か月における１か月平均）労災支給決定（認定）件数

（件）

年度	令和元年度						令和２年度					
評価期間 ＼ 区分	評価期間１か月		評価期間２～６か月（１か月平均）		合計		評価期間１か月		評価期間２～６か月（１か月平均）		合計	
		うち死亡		うち死亡		うち死亡		うち死亡		うち死亡		うち死亡
45時間未満	0 (0)	0 (0)	0 (0)	0 (0)	0 (0)	0 (0)	0 (0)	0 (0)	0 (0)	0 (0)	0 (0)	0 (0)
45時間以上～60時間未満	0 (0)	0 (0)	0 (0)	0 (0)	0 (0)	0 (0)	0 (0)	0 (0)	0 (0)	0 (0)	0 (0)	0 (0)
60時間以上～80時間未満	0 (0)	0 (0)	23 (1)	6 (0)	23 (1)	6 (0)	0 (0)	0 (0)	17 (0)	5 (0)	17 (0)	5 (0)
80時間以上～100時間未満	3 (0)	2 (0)	73 (4)	32 (2)	76 (4)	34 (2)	4 (0)	0 (0)	75 (4)	28 (1)	79 (4)	28 (1)
100時間以上～120時間未満	17 (1)	8 (0)	22 (1)	10 (0)	39 (2)	18 (0)	27 (1)	7 (0)	18 (1)	9 (0)	45 (2)	16 (0)
120時間以上～140時間未満	33 (1)	16 (0)	8 (0)	4 (0)	41 (1)	20 (0)	14 (2)	6 (1)	5 (1)	1 (0)	19 (3)	7 (1)
140時間以上～160時間未満	7 (1)	2 (0)	3 (0)	0 (0)	10 (1)	2 (0)	8 (0)	0 (0)	4 (1)	2 (1)	12 (1)	2 (1)
160時間以上	9 (0)	3 (0)	2 (0)	0 (0)	11 (0)	3 (0)	5 (0)	2 (0)	1 (1)	0 (0)	6 (1)	2 (0)
合計	69 (3)	31 (0)	131 (6)	52 (2)	200 (9)	83 (2)	58 (3)	15 (1)	120 (8)	45 (2)	178 (11)	60 (3)

(資料出所) 厚生労働省「令和２年度過労死等の労災補償状況」

(注) 1．本表は、支給決定事案のうち、「異常な出来事への遭遇」又は「短期間の過重業務」を除くものについて分類している。

2．「評価期間１か月」の件数は、脳・心臓疾患の発症前１か月間の時間外労働時間を評価して支給決定された件数である。

3．「評価期間２～６か月」の件数は、脳・心臓疾患の発症前２か月間ないし６か月間における１か月平均時間外労働時間を評価して支給決定された件数である。

4．( ) 内は女性の件数で、内数である。

5．「評価期間１か月」については 100 時間未満、「評価期間２～６か月」については 80 時間未満で支給決定した事案は、以下の労働時間以外の負荷要因を認め、客観的かつ総合的に判断したものも含む。

・不規則な勤務
・拘束時間の長い勤務
・出張の多い勤務
・交替制勤務・深夜勤務
・作業環境
・精神的緊張を伴う業務

出所）厚生労働省「令和３年版過労死等防止対策白書」64 頁（第１-10 表）から引用
https://www.mhlw.go.jp/stf/wp/hakusyo/karoushi/21/index.html

図表２－３　精神障害の時間外労働時間別（１か月平均）労災支給決定（認定）件数

（件）

区分＼年度	令和元年度	うち自殺	令和２年度	うち自殺
20時間未満	68（42）	8（1）	68（41）	3（0）
20時間以上～40時間未満	33（18）	5（0）	40（23）	7（0）
40時間以上～60時間未満	31（9）	8（1）	45（10）	11（0）
60時間以上～80時間未満	35（4）	8（0）	26（4）	13（2）
80時間以上～100時間未満	29（5）	10（1）	28（7）	12（0）
100時間以上～120時間未満	63（6）	19（0）	56（12）	10（0）
120時間以上～140時間未満	45（6）	13（0）	24（2）	6（0）
140時間以上～160時間未満	9（1）	1（0）	12（3）	6（0）
160時間以上	36（8）	7（0）	30（5）	6（0）
その他	160（80）	9（1）	279（149）	7（2）
合計	509（179）	88（4）	608（256）	81（4）

（資料出所）厚生労働省「令和２年度過労死等の労災補償状況」
（注）１．本表は、支給決定事案ごとに心理的負荷の評価期間における１か月平均の時間外労働時間数を算出し、区分したものである。
２．その他の件数は、出来事による心理的負荷が極度であると認められる事案等、労働時間を調査するまでもなく明らかに業務上と判断した事案の件数である。
３．自殺は、未遂を含む件数である。
４．（ ）内は女性の件数で、内数である。

出所）厚生労働省「令和３年版過労死等防止対策白書」74頁（第１-21表）から引用
https://www.mhlw.go.jp/stf/wp/hakusyo/karoushi/21/index.html

痺する、集中する、感染する、遺伝する」ということが豊富なデータをもとに述べられています。

「麻痺する」とは、長時間労働を当たり前のことと感じてしまうことです。人によっては長く働くことで幸福感を増す人もいます。

「集中する」とは、特定の人に業務負担が偏りがちである状況を指しています。「感染する」とは、何人かが遅くまで残っていたりすると、他の人が帰りづらくなったり、残業体質が職場の風土となったりして、他の職員も長時間労働になってしまうことを指します。「遺伝する」とは、長時間労働をしてきた上司等のもとでは、部下も長時間労働になりやすく、継承されていくことなどを指します。

中原先生らの研究はビジネスパーソン向けの調査分析ですが、学校の先生たちの中にも

「麻痺する、集中する、感染する、遺伝する」ということを実感される人も多いのではないでしょうか。

たとえば、教職員の定時は16：45頃か17：00頃までのところが多いですが、「定時で帰れないのが当たり前」となっていないでしょうか。「定時退勤日」と呼びかけている学校で、18時までに退庁すればよいというふうに、定時を過ぎた時間が設定されている、笑えない例もあります。

また、教師の場合は、イヤイヤ長時間労働となっているケースももちろんありますが、一方で、部活動や補習などで長時間子どもたちと接する中で、児童生徒の成長から元気をもらえる（モチベーションが上がる）側面もありますから、残業麻痺は起きやすいと言えます。

つまり、過労死等が起きている（もしくは起きる危険性が高い）過酷な職場であっても、**「あの先生は気の毒だったね」という程度で、言わば幕引きとなっており、あとの先生たちは長時間労働に麻痺してしまっている**例もあります。

今の教育現場は、過労死等で亡くなった（あるいは病気となった）先生だけでなく、周りの教職員の健康も蝕み続けているのです。

毎年約5000人が精神疾患で休職

実際、文部科学省の調査によると、学校の先生（教育職員）で、**うつ病などの精神疾患で休職した人は、2020年度は5180人**で、過去最多となった2019年度（5478人）よりは少し減ったものの、依然として高止まりした状況が続いています。

公表されているデータを遡ると、精神疾患で休職する教員数は、１９９７〜１９９９年度は毎年１６００〜１９００人程度、２０００〜２００２年度は毎年２３００〜２７００人程度でしたから、**当時の水準と比べると、ここ10年あまりは倍増**しています。休職者数は２０００年代に増加し、２００７年度から毎年５０００人前後でずっと推移しています。

もっとも、前年度やその前から休職している人もいるので、毎年５０００人ずつ純増しているわけではありません。

とはいえ、休職者の中には復帰できず、教職を辞す人も多くいます。文科省の直近の調査（「令和２年度公立学校教職員の人事行政状況調査」）によると、２０１９年度中またはそれ以前に休職した人で、２０２０年度も休職中だった人のうち、２０２１年４月１日現在に復職している人は43・８％、引き続き休職中が31・９％、退職した人は24・４％でした。１年以上休職が続いた先生の**およそ４人に１人は辞めてしまう**のです[*3]。さらには、休職という選択をせずに離職する人もいます。

こうした退職したあとの人のことは、休職者数というデータからは出てこなくなります（むしろ退職する人が多くなると、休職者数は減ったかのように見えます）。

20代、30代の病休も増加

また、この調査では１ヵ月以上の病気休暇取得者のデータも公表されています（ただし、直近５年分のみ）。先ほどの約５０００人の病気休職というのは、行政処分のひとつですが（給与がカットされることもあります）、その前に、病気休暇を取得できます（多くの場合、最大90日間）。

1ヵ月以上の病気休暇の取得者（休職の人も含む）の推移は図表2－4のとおりです。

どの校種、どの年齢層でも病休となる人はいますが、2016年度から20年度までの増加率を見ると、小学校での精神疾患による病休者が1・28倍で、特に多くなっています。

年齢別に見ると、20代の教員の精神疾患による病休が1・66倍と急増しており、次に30代の精神疾患による病休も増えています（1・43倍）。地域によっては若手教員の絶対数が増えているという

図表2－4　公立学校教員の1ヵ月以上の長期療養者数（休職者を含む）

校種別人数　（人）

		2016年度	2017年度	2018年度	2019年度	2020年度	増加率（20年度／16年度）
小学校	精神疾患	3,668	3,889	4,290	4,729	4,691	**1.28**
	精神疾患以外	4,134	4,010	3,922	3,861	3,794	0.92
中学校	精神疾患	2,155	2,268	2,348	2,385	2,292	1.06
	精神疾患以外	2,003	2,048	2,092	1,947	1,789	0.89
高校	精神疾患	1,193	1,243	1,309	1,329	1,273	1.07
	精神疾患以外	1,378	1,453	1,426	1,386	1,317	0.96
特別支援学校	精神疾患	1,044	1,054	1,092	1,157	1,143	1.09
	精神疾患以外	1,198	1,201	1,153	1,153	1,147	0.96

年代別人数　（人）

		2016年度	2017年度	2018年度	2019年度	2020年度	増加率（20年度／16年度）
20代	精神疾患	1,286	1,576	1,765	1,950	2,140	**1.66**
	精神疾患以外	776	852	806	832	884	**1.14**
30代	精神疾患	1,788	2,012	2,302	2,612	2,563	**1.43**
	精神疾患以外	2,126	2,019	2,126	2,037	2,062	0.97
40代	精神疾患	2,024	2,057	2,141	2,229	2,138	1.06
	精神疾患以外	1,909	1,893	1,757	1,667	1,574	0.82
50代以上	精神疾患	2,973	2,825	2,854	2,849	2,611	0.88
	精神疾患以外	3,917	3,962	3,933	3,848	3,574	0.91
計	精神疾患	8,071	8,470	9,062	9,640	9,452	1.17
	精神疾患以外	8,728	8,726	8,622	8,384	8,094	0.93

出所）文部科学省「公立学校教職員の人事行政状況調査」（各年度）をもとに作成

＊3　「平成29年度公立学校教職員の人事行政状況調査」でも、2016年度中またはそれ以前から休職している人の26・3%の教員が退職しています。

影響もありますが、年代別教員数に占める比率を見ても、20代教員の精神疾患者は、0・91％（2016年度）から1・43％（20年度）、30代教員の同比率は0・92％から1・22％へと増えています。

つまり、**とりわけメンタル不調が深刻化している可能性が高いのは、小学校、20代、30代**です（それ以外でも苦しい人は多いですが）。

これらのデータから示唆されるのは、**これまでの文科省や教育委員会のメンタルヘルス対策、施策、あるいは各学校の取り組みでは十分ではなかった**可能性が高い、ということです[＊4]。

読者のみなさんは「炭鉱のカナリア」という言葉をご存じでしょうか。昔、欧米の炭鉱員はカナリアを入れた籠を先頭にして炭鉱に進みました。炭鉱内に人間が感知できない有毒ガスが蔓延している場合、カナリアの歌声は止まり、そのことで危険を察知できるからです。英国では1911年に使われ始め、なんと1986年頃まで続いたそうです[＊5]。

教師の過労死等の事案、また、病気休職者もしくは病気休暇の件数は、教職員のメンタルヘルスが相当悪い状態になってきていることを警告する、〝カナリア〟のように思えます。

この悲痛な叫びに私たちは耳を傾けているでしょうか。

過労死等の家族への影響

言うまでもありませんが、教師の過労死等は、本人にとって不幸なこと、あるいは取り返しのつかないことになりかねませんが、家族をはじめとする大切な人たちにも甚大な影響を与えます。

ある公立小学校の校長は、教職員に「一に健康、二に家族、仕事はその次」と呼びかけています。ついつい仕事を優先して、自身の健康や家族のケアが軽くなってしまう人も多いので、そう呼びかけているわけです。それに、自身の健康や家族の状態がよくない中では、仕事にも集中できず、力を発揮できません。

また別の公立小学校長は、「寝食忘れるほど、仕事をするな」とやはり教職員に呼びかけています。よく寝て、美味しいものを食べて、健康でいることがいい仕事にもつながるというわけです。

こうした校長がいる一方で、自分の健康や家族を犠牲にせざるを得ないほど、過重労働が続く学校現場も多くあります。「わが子と話せるのは1日10分しかない」という教員もいます。こうした過酷な現実は、本人の仕事の仕方や能力などのせいだけにはけっしてできません。組織的な問題や環境要因、国や自治体の政策をはじめとする構造的な問題が大きいためです（第3章）。

＊4　ほぼ同じ時期の地方公務員（教員、警察、消防職員を除く）のデータを見ても、精神疾患で休む人は増えています（地方公務員安全衛生推進協会の調査などを参照）。教員だけが特殊というわけではないかもしれませんし、世の中の風潮として精神科医等にかかる心理的ハードルが下がっている可能性もあります。とはいえ、教員でこれほど精神疾患による休職や病休が多い現実を楽観視するわけにはいきません。

＊5　BBC ON THIS DAY　http://news.bbc.co.uk/onthisday/hi/dates/stories/december/30/newsid_2547000/2547587.stm

1人の先生ではとても抱えきれないほどの業務の中で、健康を害してしまい、愛する人たちを悲しませてしまうことが、あちこちで起きています。

2016年、富山県滑川市の中学校で、部活動などで過重労働が重なり、ある先生が過労死しました（詳細な経緯等は第3章）。この教諭は40代で、小さな娘さんがいました。遺族（妻）によると、娘を膝にのせながら小テストの採点をしたりするときもあり、それほど、家族思いであったのかもしれませんが、仕事に追われる日々でした。子どもを寝かしつけたあと仕事をすることもあり、睡眠時間は短かったようです。

写真は娘さんの作品です。「あったらいいな、こんなもの」というテーマで、ドラえもんの「もしもボックス」が描かれています。「げんじつにできたらパパもいきかえる」という文が添えられています。

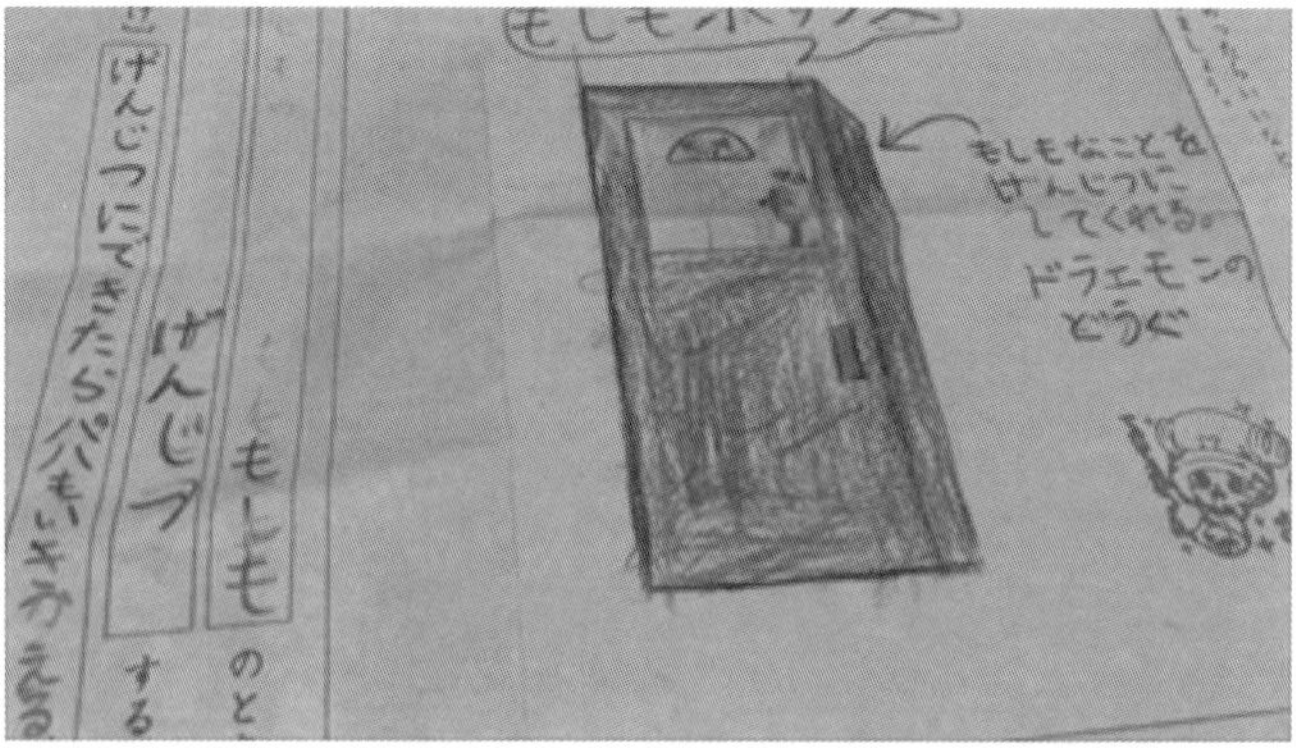

過労死した先生の娘さんの作品（富山県教職員組合から提供）

二度「死亡宣告」を受けたような心境

「二度、三度、死亡宣告を受けたような心境」。

教師の過労死等のご遺族の中にはそう述べる方も多くいます。一度目は、教員の過労死等のことを指しますが、二度、三度とは、その過労死等が公務災害、労災として、正式になかなか認められないこと、また、認められたとしても、それまでの間に、証拠集めや書類作成の過程で何度も大切な人の死と向き合い、追体験しなければならないときもあることを指します。

それほど、過労死等が正式に認定されるまでの間は、茨の道なのです。（76頁コラム②「公務災害認定までの長く険しい道のり」参照）

子どもたちの一生への影響

教師の過労死等は、ご本人や家族にとってたいへん痛ましいことであるだけでなく、子どもたちにも大きな影を落とします。

第1章の最初に、堺市の前田大仁教諭の過労死のことを述べました。前田さんが約20人のバレー部員と交わしていた「クラブノート」には、前田さんが生徒たちに送った励ましや助言の言葉がびっしり赤字で書き込まれていました。

「ノートの最後のページには、前田さん急死の知らせに接した部員たちの悲痛な言葉が記されている。『何で先生なんですか？　何でよりによって先生なんですか？　○○（名前）たちが先生に無理させていたんですか？　めっちゃ謝るし、これからの練習もめっちゃ真面目にするんで、戻ってきて下さいよ！』」*6

多くの言葉は要らないと思います。教師の過労死等は、子どもたちの心にも、おそらく一生涯、影を落とします。

いい授業をしよう、子どものSOSをキャッチしようと言うのは酷

もうひとつ、児童生徒への影響について考えたいのは、授業をはじめとする教育活動への影響です。教師の過労死等が起こるほどの過酷な労働環境で、心身が疲れた状態で、はたしていい授業ができるでしょうか。

もしくは、精神的に追い詰められて死にたいという気持ちがある先生に対して、「子どもたちのＳＯＳに少しでも早く気づけるようにしてほしい」とか「子どもが相談しやすいように心のゆとりをもっておいたほうがよい」などと言える人はいないと思います。

児童生徒のことを大切にしたいなら、教職員のことも大切にできないと、うまくいくはずがありません。

第2章のまとめ

☑ 教師の過労死等が起きても、多くの教育現場は、忙しいことを当たり前のように捉え、麻痺してしまっている。しかし、過酷な労働環境は確実に教職員の心身を蝕む。精神疾患による休職者はこの10年あまり一向に減らず、むしろ若手の病休は近年増加傾向にある。

☑ こうした事実は、これまでの長時間労働防止やメンタルヘルス対策では十分でなかった可能性を示唆する。

☑ 過労死等により家族は深い悲しみに沈む。その上、公務災害（労災）として申請するには、業務負荷や労働実態の立証などで、遺族は過労死等を追体験することになり、さらに苦しむことになる。にもかかわらず、否認されるケースや法廷闘争になり10年以上かかるケースも少なくない。

☑ 過労死等は、子どもたち（児童生徒）の一生にも影を落とす。児童生徒のためにも、教職員の健康と命を守らなければならない。

問い

問2-1 教師の過労死等は、児童生徒や学校（職場）にどのような影響があると思いますか。本書で指摘したことをさらに詳しく考えてみたり、本書では論じていない影響について話し合ったりしてみてください。

問2-2 精神疾患による病気休職者数が全国的に減らないのは、どうしてだと思いますか。

＊6 『朝日新聞』2015年3月5日朝刊を引用。

コラム② 公務災害認定までの長く険しい道のり（工藤）

労働基準監督署、労災申請という言葉をよく聞かれると思います。

民間の事業所などで働く人（労働者災害補償保険法でいう「労働者」）は、労働上の相談を労働基準監督署にすることができ、また労働による災害が起こった時には、労働基準監督署に労災申請をすることができます。

労災申請は、災害が発症したら被災者本人や遺族が労働基準監督署に申請することができます。会社へ報告をする必要がありますが、もし会社が労災申請を拒んだとしても、被災者、遺族は申請することができます。

私立の学校の教職員の方はこちらの対象となります。

では、地方公務員である公立学校の教員はどうでしょうか。

地方公務員法により、労働に関する相談は人事委員会、または人事担当部局に設置された窓口への相談となります。人事委員会は労働基準監督署などの監督機関に代わって、職員が働く事業所に対する指導監督を行っています。

そして労働による災害が起こったときは、地方公務員災害補償基金という地方共同法人に公務災害申請を行います。

ただ、こちらは被災者本人、遺族が直接申請することはなかなかできず、所属長（校長）と任命権者

（教育委員会）を通さなければ申請をすることができません。

所属長や任命権者が申請を拒んだり、長期間証明がなされない場合は直接申請できることとなりましたが、申請できたとしてもその後のやりとりは必ず所属長を通さなければなりません。

また、地方公務員災害補償基金には各都道府県、指定都市に支部があり、それぞれの首長が支部長を務めていますが、脳・心臓疾患、精神疾患死亡事案の認定にあたっては支部と本部が両方で判断をするので、支部が公務上と判断しても本部の公務外との判断が優先されてしまうなどの問題もあります。労災申請と違い、申請時からハードルが高く、所属長、任命権者と基金とのやりとりとなるのでかなりの時間を要します。


夫が突然他界したのは２００７年６月25日でした。

幸いなことに、夫の前任校の先生方のご厚意で７月の終わりに公務災害申請のお話をいただきました。

残念ながら組織的な支援がなかったので、ご多忙な中、夏休みに前任校、当該校の先生方が必死で夫の働いた時間を調べたり、公務の内容の書類、医師への聞き取りなどをしていただき、12月に当該校校長より教育委員会に提出したと連絡がありました。

所属長から任命権者に公務災害申請をしたものの、任命権者が認めなければ申請はできないと言われました。（図１）

こちらも幸いなことに、当時の教育委員会はたいへん協力してくださり、２００８年４月18日に資料の提出の受理と、地方公務員災害補償基金との協議に入ったとの連絡をいただきました。

ここから必要書類を前任校、当該校と私が書くことになります。

私の提出書類は21項目に及びましたが、ただ書くだけではありません。時間の証明、被災時の状態を絵または図で描くことが求められました。

夫が倒れた状況を簡易な絵で描きましたが、これらは精神的にたいへんキツいものでした。自死で亡くなられた方のご遺族は、フラッシュバックが起きてしまい、ご自分で描くことができず、他の方に自死の状態を描いてもらったという話も聞きます。

提出しては追加書類や書き直しが求められたり、基金支部からの照会が来

図1　公務災害認定請求までの基本的なフロー

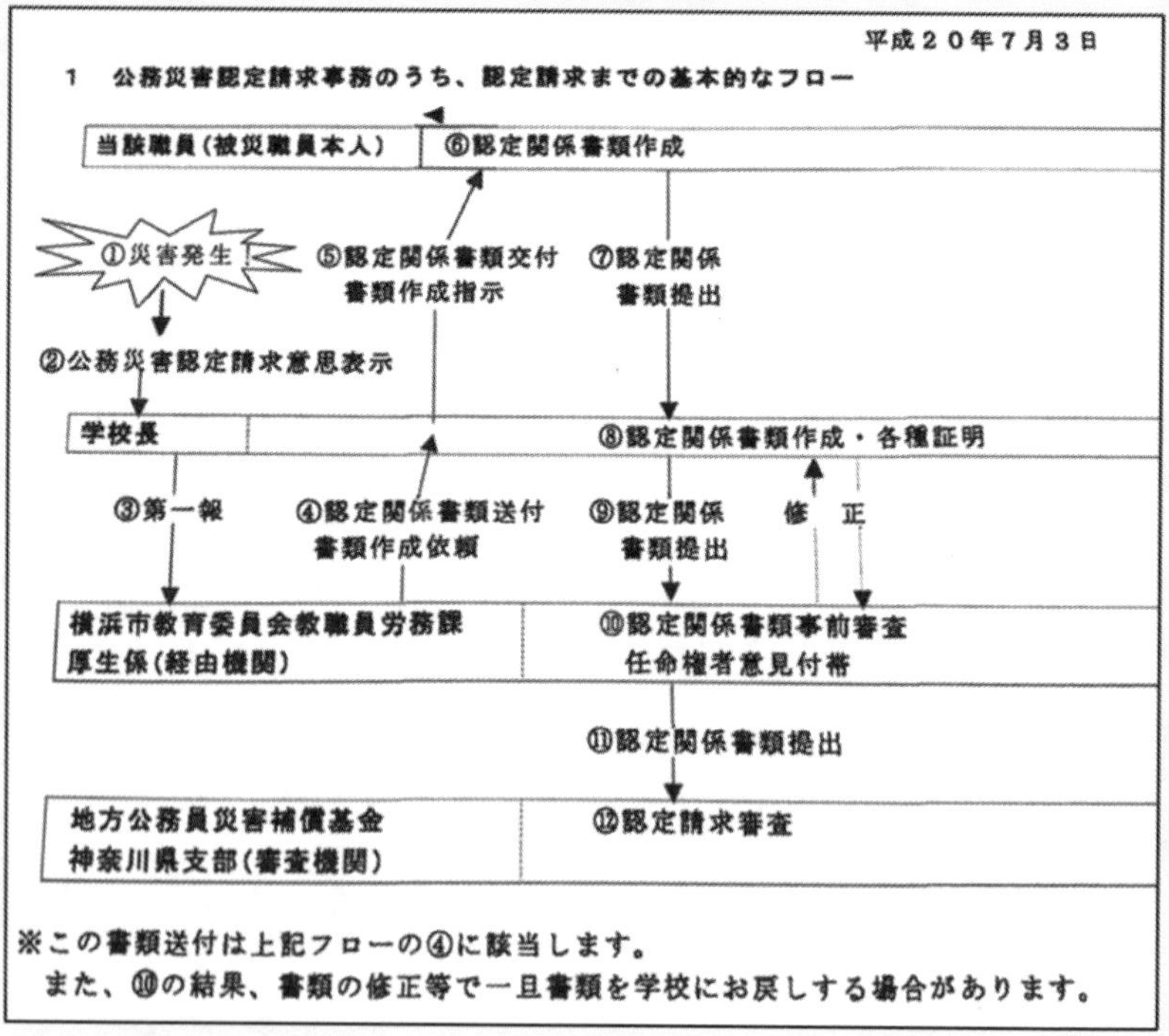

たりで、それから1年以上を書類作成に費やしました。

関わっていただいた先生方全員が我が家の事案は過労死だと信じていたので、この時は代理人に依頼するということを全く考えておらず、全て自分で行いました。

発症前1か月を超える期間の職務従事状況は、2006年12月18日から2007年5月20日まで154日分、発症前1か月間の従事状況は5月20日から37日分をもう一度調べ、聞き取りをしながら書き出しました。（図2・3）

まさに夫が死に向かういちばんつ

図2　発症前1か月を超える期間の職務従事状況・生活状況調査票

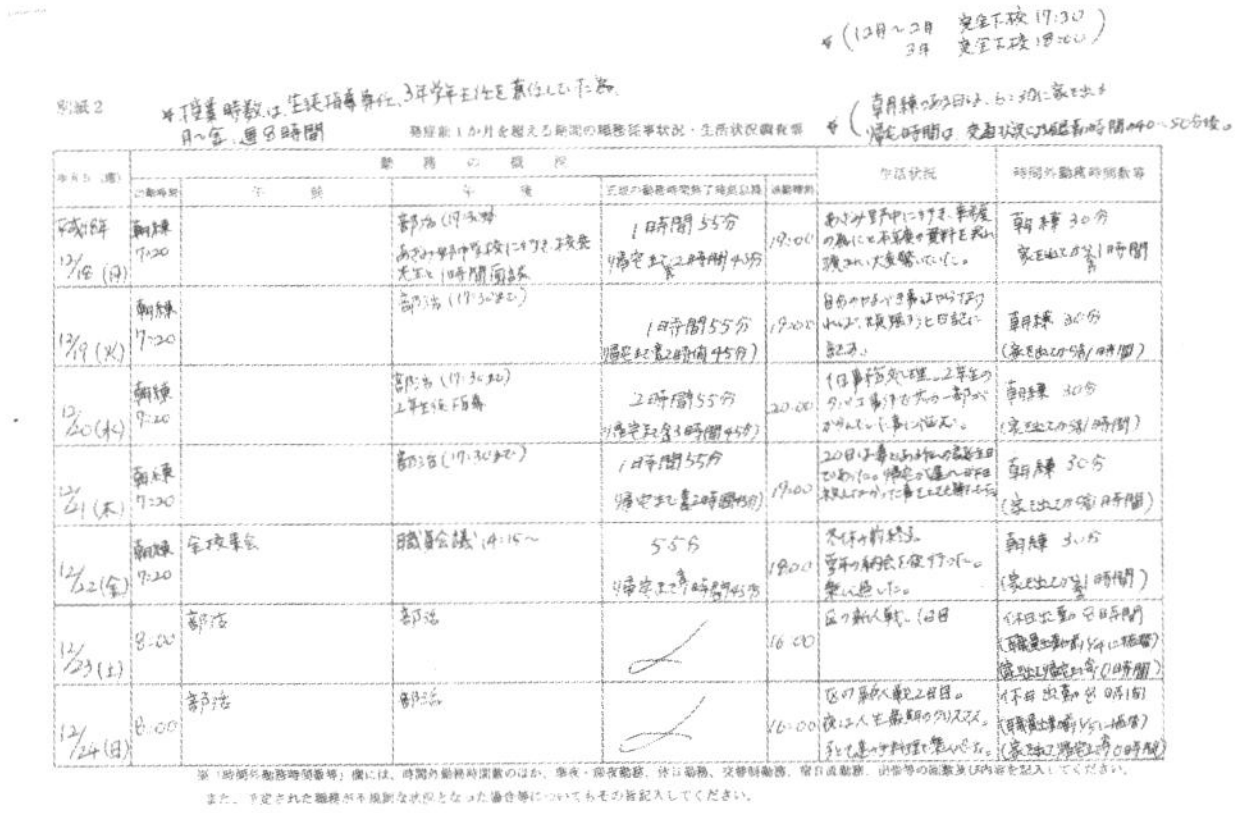

154日分

図3　発症前1か月間の職務従事状況・生活状況調査票

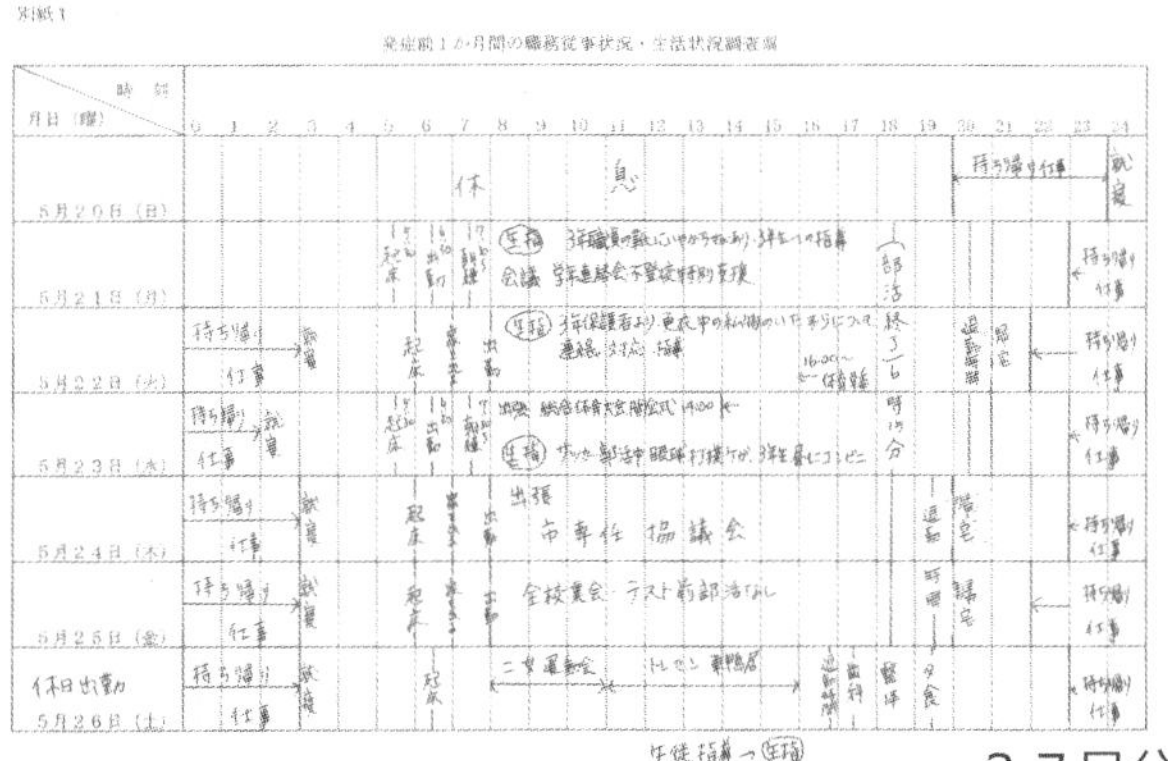

37日分

らい時期を何度も追体験するという作業で、精神的にも肉体的にも限界でした。

そうしてやっと神奈川県地方公務員災害補償基金に申請をしたのが２００９年７月、他界から２年も経っていました。

私は同僚のみなさんに恵まれて、それでも申請まで２年かかりました。

ここで所属長や任命権者が拒んだら、もっともっと時間がかかり、最悪の場合は申請もできません。


その後は何の連絡もなく、２０１０年５月１８日に「公務外とする」という通知が突然来ました。夫の２度目の死亡宣告を受けたようなショックでした。

その公務外とした理由も納得できないものでした。

数点あげると、

「……本人は週休日に部活動を行っているが、１７時ごろには終了しており、この期間における時間外労働は８時間程度であり、疲労が回復できず、蓄積するほど公務による過重があったとは認められない」

本人が頭痛がひどくて動けず寝込んでいた倒れる前日と倒れた当日に対して、

「前日、当日の状況については……本人は休暇をとっており職務には従事していない。……日常の職務に比較して特に過重な職務に従事した事実は認められない」

その他にも
「……生徒指導専任は他の教職員より業務量が多くなることはある程度やむを得ない、他の職員と比較して業務量は膨大だったと考えられるとされているが……客観的にどの程度の作業時間を要したのかを確認することは出来ず……職務の付加要因として評価する事は出来ない」

他にも夫の業務は「通常の日常の職務の範囲内」「特に過重な負担であったとは認められない」として公務外とされました。

また、１年前に脳ドックで「将来くも膜下出血になる可能性も少ないと判断されます」とされた疾病で死亡し、本人に特段の基礎疾患がなかったにもかかわらず「本人が従事した職務に過重性が認められないのであれば、自然的経過により本件疾病を発症したと考えるのが相当である」とされました。

これについて、みなさんはどう思われるでしょうか。

教師は命を落としても、このような軽い扱いをされるということを思い知りました。

だからこそ、先生方にはこのようになってほしくないという一心で今日まで訴え続けています。

結局、弁護士の先生に付いていただき、多くの先生方や校長会のご支援とたくさんの署名をいただき、審査請求し、２０１３年１月９日に公務上災害と認定されました。他界してから５年半後です。

公務外から公務上になるまでの２年半、最初の申請の何十倍もの書類を書き、自ら聞き取りを行い、やっと認定されました。夫の名誉を回復したい、ただそれだけででした。

でも、我が家はたいへん恵まれていたからこそここまで来られました。

私の周りには、申請すらできなかった先生がたくさんいらっしゃいます。

しかも、そのご遺族は申請をしてもらえなかっただけでなく、一緒に働いていた所属長、同僚から一切味方もしてもらえず、逆に悪者のように扱われるという許し難い状況をたくさん見てきました。

過労死等は誰にとっても起こり得ますし、誰にとっても不幸です。

だからこそ、真剣になくすことを考えていただきたいですし、今まで身近にそのような経験をした先生がおられたら、その原因を把握し、予防策をきちんと立てることで、その先生の尊厳と死を無駄にしないでいただきたいのです。

それは、自分たちの働き方を「生かす」ことにもつながります。

第3章

なぜ、学校と教育行政は過労死、過労自死を繰り返すのか

兼務に次ぐ兼務のなかで

「やっぱり出勤したくないけど自分を励まして行くか。あと2日で冬休みだもの」

１９８７年12月22日、千葉県習志野市立中学校の中野宏之教諭は、そうつぶやいて出勤しました[*1]。その日の午後2時ごろ、男子更衣室で倒れた中野先生が発見されました。くも膜下出血を発症し、翌年の1月1日に亡くなりました。52歳でした。

倒れた年の4月に赴任した中学校では、**校務分掌表（校内の事務分担）に自分の名前が16箇所も載っ**ていました。妻の淑子さんによると、「こんなに仕事があるんでは俺は死んでしまうよ」とこぼしていました。

管理主任、校務主任、安全主任という三つの主任を兼務。しかも、研究推進委員なども担っていました。放課後の戸締まり、トイレや窓ガラス、蛍光灯などの破損箇所の修理や付け替え、避難訓練の計画など、中野さんの業務は多岐にわたっていました。

英語の授業は週18時間、中国から帰国した生徒の指導が1時間ありました。

給食費や校納金（学級費などの保護者負担金）の仕事、副教材の発注や追加注文、支払いなども全教科にわたって担当していました。

パソコンが家にあったこともあり、他の先生のテスト資料の入力等をすることもありました。1学年10学級の大規模校。3年生約４００人分の成績処理に加えて、進路関係で約４００人分の資料作成を行っていました。早朝、深夜にパソコンを打って、日曜も1日中作業という日もありました。倒れる直前は、なかなか朝起きられないときもありました。

同僚は、次のように証言しています（一部、文意を変えない範囲で編集）。

○この中学校は、市指定の研究校で、私達は毎日仕事に追われていた。中野先生は毎時間の生徒の変容をつかむために、毎時間の自己評価やノートの点検、「学習の5つのきまり」を徹底する細かな手立ての工夫、教科リーダーとの打ち合わせなども熱心に行っていた。手作りの教材、プリントなども多く作成し、さらに中国から帰国した子と毎日放課後話をしていた。

○私達職員は毎日自分の仕事に精一杯で、休み時間にも雑談で笑い合ったりすることなどまれなくらいだった。ましてや仕事上の悩みを相談したりということもあまり行われていなかった。肉体的にも精神的にも疲れて体調を崩し、年休をとる先生が増えていた。

○分掌については、この学校では異動してきたときには全て決められていて、年度当初の職員会議で「今年はこれでいってもらいますからよろしく」と言われる。中野先生は、成績処理や進路資料作成も「皆さんのお役に立てるならば、喜んで」とおっしゃってやってくれていた。

＊1　故・中野宏之の公務災害認定を勝ち取る会『コンドルは跳んでゆく：人間性回復をめざして　中学校教師の過労死認定闘争の記録』（1995年）をもとに作成。

長女の詠美さんはこう綴っています。

「**私は、父は殺されたと思っています。**直接的にはやはり、いわゆる、上司と呼ばれる人にだと、強く信じています。私の愛する父に、殺人的な量の仕事を押しつけておいて、今になって勝手に仕事をして、勝手に死んだような言い方をされたのでは、冗談ではありません。父の死は明らかに自然なものではありません。ストレスにむしばまれ、心身共に疲れ切っての不自然死です。過労死です。そこまで追いやったのは何なのですか？誰なのですか？（中略）
父を返してなんて無理な事はもう言いません。ただ、父は教育の為に生き、そして亡くなってしまったという事実、その事実を認めて欲しいのです。」

酷似する現実

なぜ30年以上前の中野先生の事案を紹介したのか、というと、この頃と酷似する現実が現在もあるためです。

確かに、成績処理などのパソコン仕事を一人の先生が受けもつといったことは、さすがにいまはほぼありません。ですが、進路関係の書類作成が特定の先生に集中する例などはいまもあります。それに、一人ひとりの先生が校内事務等をたくさん担い、マルチタスクであるという現実は、むしろ30年前よりも、現在のほうがよりハードになっている学校も多いです。それは、少子化により教員数が自然減しているためですし、以前より学校が担う仕事が増えているためでもあります。

２００２年にも似たことが起きています。

９月13日、愛知県豊橋市立中学校教諭の鳥居建仁《たつひろ》さん（当時42歳）は、学校祭でユニホックというスポーツの模範試合後に体調が悪化、脳出血により倒れました[*2]。一命は取りとめましたが、高次脳機能障害等の後遺症を負いました。前日は、警備のため学校に泊まり込みでした。

鳥居さんは、主に以下の業務を担当していました。

・数学の教科指導　・学級担任（1年生）　・生徒指導主事　・安全教育主任　・防火・施設担当
・交通指導担当　・営繕担当　・いじめ・不登校対策委員会の責任者　・陸上部顧問

先ほどの中野先生の事案と同様に、実に多種多様な仕事を担っていたことがわかります[*3]。

他の先進国と比べても、日本の教師は明らかに過重なマルチタスクです（ＯＥＣＤの調査、ＴＡＬＩ

＊2　名古屋地裁平成23年6月29日判決文をもとに作成。

＊3　部活動については、当時、豊橋市では日曜の活動は禁止されていたため、この中学校では地域クラブという形式をとって日曜も練習をしていました。鳥居さんは競技経験のない顧問でしたが、地域クラブの活動にも従事。これは学校部活動の延長なのか、地域の活動なのか。その後の裁判でも判断は分かれましたが、いずれにせよ、鳥居さんにとって連続労働となり、疲労回復する日がなかったことが、体調悪化の引き金になった可能性があります。

Sなどを参照）。教科指導という本業に加えて、学校行事の準備、児童生徒のケアなどの心理カウンセラー的な役割、キャリア・コンサルタントのような進路関係の相談、保護者支援などのソーシャルワーカー的なこと、会計なども含む事務仕事、それから部活動など。最近はＧＩＧＡスクールで児童生徒１人１台タブレットやノートパソコンが整備されていますが、そのトラブルや故障への対応も教師の仕事のひとつとなっている学校も少なくありません。

一人で何役もこなしつつ、子どもたちの前ではよき教師でいようとがんばって、さまざまな仕事が重くのしかかった結果、長時間労働になり、体や心を壊すほどになっているのです。

「父は殺されたと思っています」という中野先生の娘さんの言葉を、こんにちも重く、重く受け止める必要があると、私たちは感じます。

約２ヵ月に休みは１日しかなかった

「ありがとうございます。食べずに家族に持って帰ります。」[*4]

午後６時過ぎに保護者との面談を終えて職員室に戻ってきたＣ教諭（40代）は、同僚からお菓子を手渡されたとき、そう言って笑みを浮かべました。同僚にとって、これがＣさんとの最後の会話となりました。

この翌朝、２０１６年７月22日金曜日、朝４時頃、Ｃさんはうめき声をあげました。目を覚ました妻が様子を見ると、瞳孔が開いており、すぐに救急車を呼びました。昏睡状態に陥ったＣさんは、そのまま目覚めることはなく、8月9日に息を引き取りました。くも膜下出血でした。

Cさんは富山県滑川市立中学校で、3年生の担任（2年連続）として、授業に加えて、生徒の相談、進路指導、生活ノートのやりとり、生徒指導などに従事していました。早朝7時40分頃からは、もちろん勤務時間外ですが、交通安全指導を行うこともありました。倒れる約1ヵ月前の6月には1学期末考査があり、問題の作成や採点なども行っていました。

2018年4月、Cさんの過労死は公務災害であると認定されました。当時この中学校ではタイムカード等はありませんでしたが、Cさんが勤務開始時と終了後にパソコンを起動、シャットダウンする習慣があったため、**パソコンの記録が強力な根拠資料となり**、異例とも言える早さで、公務災害が認められたと考えられます。

遺族（Cさんの妻）は、「どうしてこんな病気になるまで、仕事をしなければならなかったのか」突き詰めるために公務災害申請に踏み切ったと述懐しています。

公務災害と認められたものの、それだけでは、どうして過労死するまで仕事をしなければならなかったのか、経緯が十分に判明するわけではなく、また、誰かが責任を取るわけでもありませんでした。

＊4　地方公務員災害補償基金富山県支部「公務災害認定通知書」、公務災害認定請求人（遺族）代理人「公立学校教員を長時間勤務から守る法整備を求める声明」（2018年7月17日）、遺族へのインタビュー記録（富山県教職員組合提供）をもとに作成。

２０１９年、遺族は県と市を相手取った損害賠償訴訟を起こしました。遺族は「県と市は、教員の健康を守る安全な職場をつくってほしい。時間外労働削減に向けて、真剣に取り組んでほしい。今回のようなことは二度と起こしてほしくない」と述べています。

県と市は、Cさんの時間外勤務の多くは自主的、自発的なものであり、校長に安全配慮義務違反はなかった、と捉え、争っています（本書執筆時点〈２０２２年７月〉、判決は出ていません）。

さて、Cさんにとって、とりわけ負担が重かったのは、運動部活動の顧問です。強豪校であったため、土日も練習や練習試合、大会等がありました。倒れる数日前の７月16日と17日も県大会のため、早朝から生徒を引率しました。

同年５月30日～７月21日（倒れる前日）までの**53日間で休みは1日しか取れず、発症前1～2ヵ月の時間外勤務時間は月120時間前後**に及んでいました。

図表３－１　時間外勤務時間数と部活動勤務時間数

期間	認められた時間外勤務時間数	部活動による時間外勤務時間数※1
発症前30日	118時間25分	79時間25分（休日54時間10分、平日25時間15分）
発症前第1週から第4週までの4週間	98時間29分	79時間25分※2（休日54時間10分、平日25時間15分）
発症前第5週から第8週までの4週間	127時間49分	99時間37分（休日73時間07分、平日26時間30分）

※１　申請した資料をもとに代理人が算出
※２　発症前30日と時間が同じなのは、４週間と30日のずれがある２日間で部活動がなかったため。

出所）公務災害認定請求人（遺族）代理人「公立学校教員を長時間勤務から守る法整備を求める声明」2018年７月17日

図表3－1は、公務災害として地方公務員災害補償基金に認められた時間外勤務時間、ならびにそのうち、部活動による時間（推定値）を示したものです。いかに部活動の影響が大きかったかがわかります。

当時の中学校の勤務実態について、ある元同僚は「（Cさんが）特別ではなく、皆遅くまで残って仕事をしていた。誰が倒れてもおかしくなかった」と述べています。また、この元同僚によると、Cさんは「部活の顧問は負担」「部活がブラック過ぎて倒れそう」と漏らしていたそうです。

死と隣り合わせの部活動

このCさんと瓜二つとも思えることが2002年にも起きています。

6月、埼玉県立高校の竹見義和教諭（46歳）が部活動の指導中にグラウンドで倒れました*5。竹見さんは意識が戻らないまま翌年3月に死亡。お通夜には教え子ら900人が駆けつけました。

40代の働き盛りでの死、くも膜下出血であったという点もCさんと同じです。また、部活動が引き金になった可能性が高いことも共通しています。竹見さんがみていた女子ソフトボール部は県内有数の強豪校でした。土日も練習で、**倒れるまでの27日間、完全な休みはまったくない状態**でした。連続労働であった点も共通しています。

＊5　朝日新聞教育チーム『いま、先生は』（岩波書店、2011年）35〜38頁を参考に作成。

竹見さんは倒れる直前の6月初旬には4泊5日の校内合宿を行っていました。3年生の学年主任でもあり、帰宅後も採点等で遅くまで仕事をしていました。

命を削る修学旅行

富山県のCさんの事案に戻ると、その過労死に直接影響したかどうかは定かではありませんが、疲労を大きく蓄積させた出来事があります。

5月に行われた修学旅行です。3日間のCさんの勤務時間は18時間50分、18時間30分、12時間35分でした。初日は5時40分に勤務開始、24時以降もホテル内の見回りをし、翌朝には6時に生徒が集合するというスケジュールでした。Cさんは金曜日の18時50分に修学旅行の業務を終え、土曜日は全日の休みを取ったものの、日曜日にはまた部活動の業務に従事しました。

修学旅行の3日間はほとんど眠れていなかったのではないでしょうか。**健康を犠牲にするのが当たり前、命を削る修学旅行で本当にいいのでしょうか。**

過労死ラインの倍以上の負荷の末に

Cさんのケースでは、部活動や学校行事の多くは、時間外勤務として、公務災害認定の際に認められましたが、証拠が十分になかったり、確定的な時間が算出できなかったりしたために、月約120時間という時間外に含まれていない（算定されなかった）ものがあります。

そのひとつは、休憩時間中の労働です。そもそも、こういう表現自体が矛盾しているのですが、多くの小・中学校などでは、教員の休憩時間はあってなきが如しで、Cさんもそうでした。この中学校では休憩は生徒の昼休みと重なる13時10分～30分の20分間と、放課後の16時05分～30分の25分間で設定されていました。しかし、昼休み中も廊下で生徒の様子を見守るなど生徒指導に当たっていた姿が同僚の証言からわかっています。また、夕方の休憩時間の大部分（25分中20分間）は、部活動指導とも重なっており、休憩を取れる状況にはありませんでした。

休憩時間中の労働を時間外としてカウントすれば、月15時間程度は時間外が増える計算になります。

もうひとつは、自宅への持ち帰り残業です。「日常的に朝4時、5時に起きて仕事をしていた。土日も部活動の後、自宅で仕事をすることが多かった」と遺族は証言していますが、時間が特定できず、算定されませんでした。本件に携わる弁護士は、自宅仕事を含めると、さらに月30～50時間の加算があるのではないか、と述べています。

つまり、上記の二点を含めると、Cさんの時間外労働は、実質的には月165～185時間程度であった可能性も高い、ということです。過労死ラインとされる月80時間の倍以上の業務負荷があったということになります。

亡くなる前の土曜日、部活動指導を終えた後、Cさんは「疲れた」と言って、夕飯前に横たわったそうです（遺族の話）。慢性的な頭痛もありました。今思えばですが、危険を知らせるサインだったのかもしれません。「夏休みになったら、病院に行く」と言っていた矢先に倒れました。第2章で紹介した「もしもボックス」を描いた娘さんのお父さんでもありました。

Cさんが倒れたのは2016年ですから、いまからほんの6年前のことです。その後、国と各自治体では部活動ガイドラインができましたし、最近では新型コロナの影響などもあって、部活動の従事時間は当時ほどではない学校も多いかもしれません。しかし、部活動（吹奏楽部なども含めて）の強豪校ともなれば、これに近い実態、あるいはこれ以上というところも少なくありません。また、本件もそうであったように、部活動だけでなく、授業や進路指導、学校行事などの負荷が重なっている状況はほとんど変わっていません（とりわけ、中学校、高校では3年生の担任や進路指導主任は激務です）。

休みもなく、他の人の3倍以上仕事の末に

福岡県立高等学校の教諭だった安徳誠治さん（当時41歳）は、2002年1月19日午後9時40分頃、公務で滞在していた福岡市のホテルのロビーで倒れ、意識が戻らなくなりました（高血圧性脳出血）＊6。地方公務員災害補償基金福岡県支部は、公務災害とは言えないと判断しましたが、その後の支部審査会において、公務災害として認められました（2005年4月）。

その後安徳さんは一度も意識を回復しないまま2017年3月に亡くなりました。

倒れた2001年度、安徳さんは英語コース3年のクラス担任、英語科主任、企画振興主任を兼務していました。企画振興主任の仕事は多岐にわたりましたが、企画・広報、互助会、ＰＴＡ、学校行事の担当係長を務めていました。この企画振興主任は激務とされ、従来であれば、企画振興主任がクラス担任や学科主任と兼任することはありませんでした。

あり得ないほどの兼務で重たい業務が重なっていたことは、前述の中野宏之さんや鳥居建仁さん、工藤義男さんの事案ととてもよく似ています。

同校職員の間でも安徳先生の「仕事の量が多すぎる」、**「他の先生の3倍以上の仕事内容であった」**との意見は多数出ていました。

いま思えばということかもしれませんが（たいへん悔やまれることですが）、安徳さんの**体調の異変に周囲が気づくチャンスは何度かありました**。２０００年1月と3月に鼻血が止まらなくなり、高血圧症と診断されたのです。

２００1年の8月。通常夏休み中は教師の多くは多少はゆとりがあるものですが、安徳さんの場合はちがいました。課外授業、大学受験などの調査書作成に追われていました。しかも、8月の15日間は海外ホームステイ引率も担当していました。

9月には体育大会の運営、10月には専門学校、短大等へ進学する生徒のための調査書の作成などに従事。11月には創立記念行事の一環として、国際交流大会が開催され、安徳さんは大学を回り、出場する留学生の確保、事前準備等に奔走しました。並行して、面接指導、朝課外授業（早朝の補習）、推薦文の作成、調査書の作成などに携わりました。

11月21日に高血圧症が悪化、大量の鼻血が出て、救急車で病院に搬送されました。ここでも、体調悪

＊6　安徳誠治氏を支える会「公務災害認定までの道のり」（２００6年）をもとに作成。

化の兆候は出ていたのです。

12月には期末試験の採点、一般入試の準備、課外授業や生徒指導、英語科コースの行事であるイングリンピックの開催準備などに追われました。12月14日のイングリンピック当日は、ALTの準備不足が発覚し、急きょ安徳先生が即興で司会進行などを行いました。

さらに、保護者への説明会、個別の面談（時間外）、センター試験対策指導、特別課外授業など。

1月も4日から課外授業と部活動指導のため出勤。企画振興主任として、PTAの新年会、卒業式準備、ホームステイ説明会準備、学年末考査の問題作成等を行っていた矢先に、倒れたのです。

発病の当日、夜通し学年末試験を作成し、睡眠時間はほとんどないまま、センター試験会場に赴き、受験生の出欠を確認し、生徒一人ひとりを激励しました。その後、通常授業を行った後、保護者、生徒等を集めたホームステイ説明会を開催。前夜作成した説明用のビデオが見当たらず、その場で再度編集し作成しなおしました。さらにプロジェクターが作動しないというトラブルが発生。職員パソコン室から重さ12kgのモニターテレビやビデオデッキを運びました。

午後5時40分頃、翌日の高校バレーボール大会への引率のため、自家用車を運転して福岡市内のホテルに向かいました。その後、宿泊先で同僚との打ち合わせ中に脳出血で倒れました。

図表3－2は、安徳さんが倒れるまでの1週間の記録です。休日も課外授業や部活動、行事（ホームステイ説明会）の準備などで、ほとんど休む暇はなかったのです。率直に申し上げれば、文字通り**「殺人的」業務量とスケジュールであった**ことがわかります。

図表３－２　発症１週間前からの勤務等の状況

2002年１月12日（土、週休日）

９時30分　出勤、課外授業準備
10時～11時30分　課外授業
14時～18時　女子バレーボール部練習指導
18時30分～20時30分　父母教師会理事会出席
22時～０時　課外授業の資料作成

１月13日（日、週休日）

９時30分　出勤、課外授業準備
10時～11時30分　課外授業
14時～　課外授業準備、ホームステイ説明会用ビデオ作成
17時30分　退勤
22時30分～０時　ホームステイ説明会準備

１月14日（月、祝日）

９時30分　出勤、課外授業準備
10時～11時30分　課外授業
12時30分～13時30分　課外授業
14時～　課外授業準備、ホームステイ説明会用ビデオ作成
17時30分　退勤
22時30分～０時　校務運営委員会の資料作成等

１月15日（火）

７時45分　出勤、朝礼、授業準備
９時55分～10時45分　授業
10時45分～13時35分　校務運営委員会の資料作成、授業準備
13時35分～14時25分　授業
14時35分～15時25分　授業
15時25分～　掃除、ＨＲ、終礼
16時～　校務運営委員会出席
勤務時間終了後～20時30分　授業準備等
20時30分　退勤
23時～０時　職員会議の資料作成

１月16日（水）

７時30分　出勤
７時40分～８時30分　課外授業、朝礼
８時55分～９時45分　授業
９時45分～　授業準備
11時～11時50分　授業
11時50分～　授業準備
13時35分～14時25分　授業
14時35分～15時25分　授業
15時25分～　掃除、ＨＲ、終礼
16時～17時　課外授業
17時15分～　女子バレーボール部の練習指導、授業準備、職員会議の資料作成
20時30分　退勤

１月17日（木）

７時45分　出勤
８時35分　朝礼
８時45分　全校朝礼出席
９時25分～10時10分　授業
10時10分～　授業準備
11時20分～12時５分　授業
12時15分～13時　授業
13時～14時40分　昼休み、授業準備
14時40分～15時25分　授業
15時25分～16時　掃除、HR、終礼
16時～　英語科会議出席
17時15分～　職員会議資料作成等
18時20分　退勤
21時30分～０時　授業準備等

１月18日（金）

７時30分　出勤
７時40分～８時30分　課外授業
８時35分　朝礼
８時55分～９時45分　授業
９時55分～10時45分　授業
10時45分～　授業準備、職員会議資料作成
12時～　大学入試センター試験事前説明会出席
12時40分　ＨＲ、終礼
14時～15時　課外授業
15時～　職員会議資料作成
16時５分～　職員会議出席
17時15分～19時　女子バレーボール部の練習指導
19時～22時　ホームステイ説明会用ビデオ作成
22時20分　退勤
０時30分～４時23分　学年末考査試験問題、ホームステイ説明会用資料作成

１月19日（土）

６時30分　自宅出発
７時30分　学校到着
８時30分～9時45分　大学入試センター試験の受験生激励のため試験会場まで出張
９時55分～10時45分　授業
10時55分～11時45分　授業
11時55分～12時45分　授業
12時45分～　掃除、ＨＲ、終礼、ホームステイ説明会準備
※説明会用のビデオが見つからず、急きょ編集作業。プロジェクターの不具合により12㎏のモニターテレビを抱えて走った。
13時30分～15時　ホームステイ説明会に出席
15時～17時　卒業式の要綱作成、サーモンキャンペーン（青年海外協力隊の講演会）の準備
17時40分　自家用車にて福岡市内に出張）（女子バレーボール部の大会のため）
20時頃　ホテルに到着後、食事
21時～　同僚教諭と打ち合わせ
21時40分　打ち合わせ中に突然体調不良を訴え、救急車で搬送

「仕事を引き受け過ぎたせいだ」、「深夜にまでやることはない」と評論することはできます。しかし、このスケジュールや上記の経緯を知った上で、本人のせいだけにしてよい、と思う人はほとんどいないのではないでしょうか。

だれが、何が、安徳先生を「殺した」のでしょうか？

こんなことは私で終わらせてほしい

熊本県天草市立小学校教諭Tさん（当時44歳）は、2011年12月14日、学校から帰宅後に意識不明の状態になりました[*7]。

四肢まひや発語不能などの障害が残り、全介助が必要な状態となりました。動くのは首が少しと右手の指2本、顔の左半分。両側の聴覚と右目の視覚を失い、皮膚の感覚もなくなりました。

12年3月に地方公務員災害補償基金に公務災害認定を請求しましたが、認められず、その後の審査請求と再審査請求も棄却されました。

勤務していた小学校は、**学力向上のモデル校、研究推進校に指定**され、Tさんは倒れる前年の2010年4月から、校内研修の企画や資料作成などで中心的な役割を担う研究主任を務めていました。ほぼ毎週実施される校内研修の企画・立案や資料作成、研究発表会（12年1月）に向けての提案や資料作成、紀要の作成などを行っていました。

Tさんは、2010年度は6年生の学級担任及び研究主任、2011年度は算数T・T教員と研究主任を兼務していました。午後7時、8時ごろに帰宅して夕食を取ったあと、ソファなどで仮眠し、9時、10時頃から再び机に向かう日々が続いていたようです。

算数のT・Tの授業は、毎週水曜の5校時を除いて、毎日1校時から5校時まで全ての時間に入っていました。

この小学校では、前年度の児童の全国標準学力検査（NRT）の結果が下がってしまいました。そのため、研究2年目の2011年度は、12月の県の学力テスト（「ゆうチャレンジ」）で成果を示す方針となり、研究主任であったTさんには重いプレッシャーがのしかかりました。

11年度の2学期から、ゆうチャレンジで出題される読解力を身につけるために「チャレンジ！よみもの！」というプリントを自ら作成したり、算数の「思考力プリント」を自ら作成したりしました。「チャレンジ！よみもの！」は毎週1回、低学年、中学年、高学年の3種類を用意し、**174名の児童のプリントすべてに、赤ペンで励ましの言葉を入れた上で返却**していました。

Tさんはほか2名の教諭とともに、ソフトボール・サッカー（シーズン制）の部活動を担当していました。熊本県は、他県と比べて例外的ですが、小学校の部活動が盛んでした（現在は地域移行が進んでいます）。部活動は、水曜を除いて、月曜から金曜まで毎日。Tさんは発症前1ヵ月の間では3日、大

＊7　熊本地裁令和2年1月27日判決文、福岡高裁令和2年9月25日判決文をもとに作成。

会の引率のため休日出勤をしています。

この年の10月下旬から11月下旬の間、Tさんは長男と次男がマイコプラズマ肺炎に罹患し、その看病にあたるため、年次有給休暇や特別休暇を取得しています。休暇の取得ならびに自宅での作業の影響で、公務上の負荷が重かったのかどうかが、裁判にまでもつれ込む、争点のひとつとなりました。最終的には高裁において公務上の災害であると認められました。

12月14日、Tさんは通常通り出勤した後、授業などを行い、6校時の校内研修は、研究発表会の事前打ち合わせなどを行っていました。Tさんは途中から呂律が回らなくなってきたのを感じ、校内研修の後に左手のしびれやふらつきを感じていました。午後5時50分頃退勤しましたが、その際、同僚に「ふらふらする、呂律が回らない、言葉がうまく出ない」と述べています。午後6時20分頃に帰宅した後、ソファにぐったり横になっていましたが、その後意識を消失し、救急搬送されました。脳幹部出血でした。

以下は、本人が病床で綴った文章です（一部抜粋）。

「今回のことで一番悔やんでいることは家族に迷惑をかけたことだろう。寝たきりで会話もおぼつかないこんな体になってしまって何の役にも立てない。後悔の極みである。子供達もまだ幼く、当時、小五と小一の男の子で、キャッチボールをまだまだしたり遊んでやりたかった。突然、多くのものを奪われた。車の運転、仕事も。聴力も声も失くした。会話もできない。もうあまり考えないよいに（引用者注：ように）している。考えれば考えるほど絶望に襲われるから。

そもそもどうしてこんな目に合うのだろう。やはり多忙な仕事だろう。学校は朝から晩まで忙しい。部活の試合などで土日もつぶれる。激務の学校では研究の仕事をじっくり進めることもできず仕事は持ち帰り。中でも研究の紀要作成が難しかった。他校の紀要もたくさん読ませてもらい構成を学んだ。主題、仮説、模式図、実践、評価と常に整合性を考えなければならないので分担は難しかった。週に一度の校内研もプレッシャーだった。毎回、研究の方向を考えて資料を出すのは負担だった。こんなに取り返しのつかないことになるなら、もっと仕事の手を抜いて適当にすべきだった。**こんな学校現場での事故は私で終わらせて欲しい。**」

教師の過労死等が繰り返し起きてしまうのは、なぜか？

このように、教師の過労死等はあとを絶ちませんし、20年前、30年前と非常によく似たことが最近でも何件も起きている現実があります。

なぜ、悲劇が繰り返されてしまうのでしょうか。

本書ではたくさんの過労死、過労自死等の実例を紹介してきましたが、おおよその傾向として、いくつもの共通点が見えてきます。

✓個々の先生が抱えている業務量が多い。過労死ラインを超えるほど、あるいは多くの業務を自宅に持ち帰らざるを得ないほど、たくさんの仕事がある。

✓業務が多岐にわたり、かつ難易度も高い。マルチタスクで、校内での分担（校務分掌）でも多くの仕事を抱えている。授業準備・教材研究、さまざまな特性や困難を抱える児童生徒へのケア、生活指導・生徒指導、いじめ問題への対応、保護者（時として理不尽な要求を突きつける）への対応など、いずれも簡単な仕事ではない。

✓各学校の人手（教職員）が少ない。業務の量や難易度と比べて、小学校、中学校などでは配置されている教員は少ない。教員以外のスタッフも、他の先進国と比べて極めて少ない。

✓学校で労働安全衛生が機能していない。教職員が過重負担になっていないかなどを校長等は把握していないケースがある。または、把握しても声掛けをする程度で、業務量の削減や分担の見直しなど具体的な措置に踏み込んでいないケースが多い。

✓職場でのサポートが少ない、弱い。過重負担がかかっている教職員や精神的にきつい人に対して、管理職や同僚からの支援、援助が薄い。事案によっては、むしろ、指導者的な立場の者が、精神的に追い詰めてしまうケースもある。

✓真面目で丁寧な先生が多く、手を抜くことがない人もいる。学級担任や学年主任、生徒指導主任、研究主任等として、責任感と使命感をもって仕事をしている人が多い。周りに助けを求めたり、仕事を適当にこなしたりすることがない先生もいる。

いずれも重要な問題、特徴ですが、同時に、これらの**問題を表面的に捉えるだけでは不十分だ**と、私たちは考えます。

「なぜ、こういう事態になったのか。」

「ここ20年も30年も改善されないままなのは、どうしてか。」

こうした問いに向き合っていかなければ、真の課題にミートした（効果的な）解決策はとれません。今後も教師の過労死等は繰り返されてしまうでしょう。

安宅和人『イシューからはじめよ――知的生産の「シンプルな本質」』（英治出版、2010年）というロングセラー本では、問題解決においては、「いろいろな検討をはじめる」のではなく、「今本当に答えを出すべき問題＝イシュー」は何かを見極めることが重要と述べています（45頁）。

たとえば、「先生たちの業務量は多くて、人は少ないから、業務を大幅に減らすか、教職員数を増やそう」という主張、あるいは「もっと校長、教頭は教職員のケアをするべきだ」という意見は、おそらく間違ってはいませんし、私たちも基本的には同じ方向性を考えています。しかし、そうした主張はこれまでも何度も繰り返されてきたものの、あまり実現できないままでした。「これまではなぜうまくいかなかったのか」を診断、反省し、具体的にどこをどうしないといけないのかを明確にする必要があります。

先ほど述べた問題には、さまざまな背景、要因が複雑に絡み合っているので、ひとつ、ふたつの対策で事態が好転する話ではありませんし、特効薬がある世界であるとも思えません。ですが、これまでの分析結果、また次章で紹介する有識者との意見交換などをふまえ、本書では以下の五点の深層に注目します（図表３－３）。

〈１〉実現手段を考慮しない教育政策
〈２〉〝子どものため〟という自縄自縛
〈３〉集団無責任体制、組織マネジメントの欠如
〈４〉チェックと是正指導の機能不全
〈５〉過ちに向き合わない、学習しない組織体質

〈１〉実現手段を考慮しない教育政策

先生たちは、なぜ、こんなにも忙しいのか？

仕事量が多くて、かつ難易度も高い。なのに人手は少ない。多

図表３－３　見えている問題とその深層

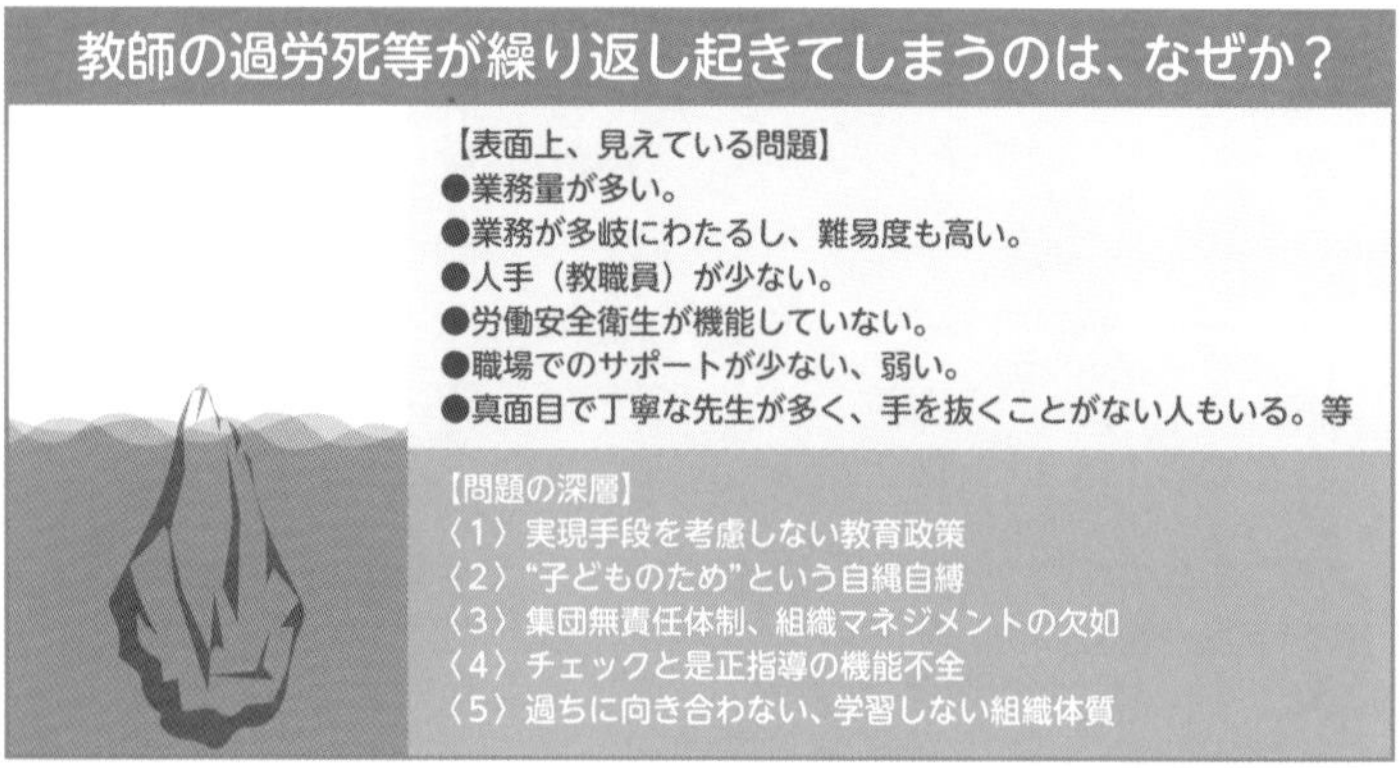
教師の過労死等が繰り返し起きてしまうのは、なぜか？
【表面上、見えている問題】
●業務量が多い。
●業務が多岐にわたるし、難易度も高い。
●人手（教職員）が少ない。
●労働安全衛生が機能していない。
●職場でのサポートが少ない、弱い。
●真面目で丁寧な先生が多く、手を抜くことがない人もいる。等
【問題の深層】
〈１〉実現手段を考慮しない教育政策
〈２〉“子どものため”という自縄自縛
〈３〉集団無責任体制、組織マネジメントの欠如
〈４〉チェックと是正指導の機能不全
〈５〉過ちに向き合わない、学習しない組織体質

くの学校現場のこうした慢性的な状況は、長時間労働に影響し、ひいては教師の過労死等の背景となっています。

図表３－４、５は、労働者健康安全機構労働安全衛生総合研究所が、教員の公務災害認定事案（２０１０年１月～２０１５年３月の５年間）を分析した結果です。「負荷業務」とは、公務災害認定理由書等に記載されている内容から、長時間労働の直接的・間接的影響や心身の負荷業

図表３－４　学校教員における負荷業務（脳・心臓疾患、28件）

No	性別	年齢	職種（細分類）	役職	担任等	学校行事	係・担当等	部活動顧問	委員会・会議	出張	事務等	事故・災害等	その他
高等学校（4人）				1	4	1	3	4	1				1
1	男	50代	高等学校教員		○		○	○					
2	男	50代	高等学校教員	○	○			○					
3	男	30代	高等学校教員		○	○	○	○					
4	男	40代	高等学校教員		○		○	○	○				○
中学校（15人）				7	12	3	12	14	7				1
5	男	50代	中学校教員		○		○	○					
6	男	40代	中学校教員	○		○	○						
7	男	40代	中学校教員	○		○	○	○	○				
8	女	50代	中学校教員		○		○	○	○				
9	女	50代	中学校教員		○			○	○				○
10	男	50代	中学校教員	○	○		○	○					
11	男	40代	中学校教員	○	○			○					
12	男	40代	中学校教員	○	○		○	○					
13	男	40代	中学校教員		○		○	○	○				
14	男	40代	中学校教員		○		○	○	○				
15	男	50代	中学校教員	○		○	○	○	○				
16	男	20代	中学校教員		○			○					
17	男	30代	中学校教員		○		○	○					
18	男	30代	中学校講師		○		○	○	○				
19	男	50代	中学校主任教員	○	○		○	○					
小学校（9人）				6	5	2	2	1	6			1	5
20	女	20代	小学校教員		○	○	○		○				
21	男	60代	小学校教員		○			○	○				
22	女	50代	小学校教員	○	○								○
23	女	40代	小学校教員		○		○		○				
24	男	50代	小学校教員	○					○				○
25	男	40代	小学校主任教員	○	○				○				
26	男	40代	小学校副校長	○									○
27	男	50代	小学校副校長	○								○	○
28	男	50代	小学校副校長	○		○			○				○

注：出張、事務等は、調査復命書に負荷業務の記載無

出所）労働者健康安全機構労働安全衛生総合研究所「平成29年度地方公務員の過労死等に係る労働・社会分野に関する調査研究事業（教職員等に関する分析）」26頁の表2-1を引用

務に関連したと考えられる業務を抜き出したものです。

脳・心臓疾患事案28件における負荷業務を見ると、「担任等」（21件、75・0％）が最も多く、次いで「部活動顧問」（19件、67・9％）、「係・担当等」（17件、60・7％）などとなっています。精神疾患事案23件における負荷業務を見ると、「担任等」（15件、65・2％）が最も多く、次いで「係・担当等」および「事故・災害等」（14件、60・9％）、「部活動顧問」（12件、52・2％）などとなっています。

この表で、脳・心臓疾患、精神疾患ともに注目したいのは、個々の事案の多くが３～４ないしそれ以上の負荷業務に○が

図表３－５　学校教員における負荷業務（精神疾患、23件）

No	性別	年齢	職種（細分類）	役職	担任等	学校行事	係・担当等	部活動顧問	委員会・会議	出張	事務等	事故・災害等	その他
高等学校（１人）					1		1	1	1			1	
1	女	50代	高等学校教員（通信制課程）		○		○	○	○			○	
中学校（10人）				1	7		8	8	3			5	2
2	男	40代	中学校教員				○						○
3	男	40代	中学校教員		○		○	○	○			○	
4	女	40代	中学校教員		○		○	○				○	
5	男	50代	中学校教員		○		○	○				○	
6	女	40代	中学校教員				○	○				○	
7	男	50代	中学校教員		○		○	○					
8	男	40代	中学校教員		○		○	○					
9	男	40代	中学校教員		○			○	○				
10	女	20代	中学校講師（臨時的任用）		○		○					○	
11	男	50代	中学校校長	○				○	○				○
小学校（11人）				2	6		4	3	4			7	3
12	女	30代	小学校教員									○	○
13	男	50代	小学校教員	○								○	
14	女	50代	小学校教員		○			○				○	
15	女	30代	小学校教員				○		○			○	
16	女	20代	小学校教員		○								
17	女	40代	小学校教員		○		○	○				○	
18	女	20代	小学校教員		○		○	○	○				
19	男	20代	小学校教員		○				○			○	
20	女	20代	小学校教員		○		○		○				
21	男	40代	小学校副校長	○									○
22	女	30代	小学校養護教員									○	○
特別支援学校（１人）					1		1					1	
23	男	40代	特別支援学校教員		○		○					○	

注：学校行事、出張、事務等は、調査復命書に負荷業務の記載無

出所）労働者健康安全機構労働安全衛生総合研究所「平成29年度地方公務員の過労死等に係る労働・社会分野に関する調査研究事業（教職員等に関する分析）」28頁の表2-2を引用

付いていることです。つまり、担任業務あるいは部活動といった業務負担が重いことは確かですが、**なにか単独の要因というよりは、複数の業務負荷が重なった結果、過労死等に至っているケースが多い**ということです。

繰り返しますが、こうした分析結果や個別の事案（本書でもたくさんの事案を紹介してきました）をふまえると、学校では、過労死や過労自死が起きてしまうほど、人手の割には業務負荷が大きいのです。

子どもと向き合い過ぎているから、とても忙しい

まるで多重債務者のように、さまざまな業務負担が先生たちに積み重なっています。これを示す別のデータも見ておきましょう。

図表3－6は、国の調査結果をもとに、過労死ラインを超える水準で働いている小・中学校教員の1日（週60時間以上働く人の平均像）を、そうでない人の1日（週60時間未満の人の平均像）と比較したものです。

薄くアミ掛けしたのは、1日のうち一定の比重を占めるものであり、かつ過労死ラインを超えている人と超えていない人の間で比較的差が付いているものです。

授業準備、成績処理（通知表などの作業に加えて、採点、提出物の確認や添削等を含む）、**学校行事、部活動など。過労死ラインを超えている先生は、これらの業務をより丁寧ないし長くやっている**ことが確認できました。なお、この分析は平日についてですが、中学校の土日については、部活動がもっと重くなります。

図表３－６　小・中学校における教諭の１日、週60時間以上勤務の人と60時間未満の人との比較

小学校教諭の平日１日

	週60時間以上		週60時間未満		時間差（分）
	従事時間（分）	比重	従事時間（分）	比重	
授業	268	36.5%	264	42.3%	4
授業準備	99	13.5%	66	10.6%	33
学習指導（補習・個別指導等）	16	2.2%	14	2.2%	2
朝の業務	37	5.0%	35	5.6%	2
成績処理、試験の作成・採点、提出物確認等	41	5.6%	29	4.6%	12
学校行事、児童会・生徒会指導	38	5.2%	24	3.8%	14
給食、掃除、登下校、休み時間等の指導	65	8.8%	58	9.3%	7
個別の生徒指導（進路指導、カウンセリング等）	5	0.7%	5	0.8%	0
部活動・クラブ活動	9	1.2%	5	0.8%	4
学年・学級経営（学活、連絡帳、学級通信等）	29	3.9%	21	3.4%	8
学校経営（校務分掌業務等）	26	3.5%	20	3.2%	6
会議、打ち合わせ	34	4.6%	26	4.2%	8
事務	20	2.7%	15	2.4%	5
研修	27	3.7%	26	4.2%	1
保護者・地域対応	9	1.2%	6	1.0%	3
その他	12	1.6%	10	1.6%	2
合計	735	100.0%	624	100.0%	111

中学校教諭の平日１日

	週60時間以上		週60時間未満		時間差（分）
	従事時間（分）	比重	従事時間（分）	比重	
授業	207	28.4%	205	33.4%	2
授業準備	93	12.8%	78	12.7%	15
学習指導（補習・個別指導等）	10	1.4%	9	1.5%	1
朝の業務	37	5.1%	36	5.9%	1
成績処理、試験の作成・採点、提出物確認等	43	5.9%	32	5.2%	11
学校行事、児童会・生徒会指導	40	5.5%	24	3.9%	16
給食、掃除、登下校、休み時間等の指導	65	8.9%	58	9.4%	7
個別の生徒指導（進路指導、カウンセリング等）	20	2.7%	15	2.4%	5
部活動・クラブ活動	51	7.0%	27	4.4%	24
学年・学級経営（学活、連絡帳、学級通信等）	43	5.9%	30	4.9%	13
学校経営（校務分掌業務等）	23	3.2%	19	3.1%	4
会議、打ち合わせ	35	4.8%	30	4.9%	5
事務	21	2.9%	16	2.6%	5
研修	17	2.3%	17	2.8%	0
保護者・地域対応	12	1.6%	7	1.1%	5
その他	11	1.5%	11	1.8%	0
合計	728	100.0%	614	100.0%	114

出典）リベルタス・コンサルティング『「公立小学校・中学校等教員勤務実態調査研究」調査研究報告書』（2018年３月）60～61頁を加工・編集のうえ作成

また、週60時間以上勤務か否かでそれほどの差はありませんが、どの教員にもほぼ共通して1日の時間の比重の重い業務として、給食、掃除、休み時間の見守り等の時間や朝の業務（朝の会や読書活動等）、会議などがあります。これは濃くアミ掛けした箇所です。

これらについても、大きな時間を割いているわけですから、考えていかねばなりません。

実は、事務的な仕事や保護者との関係は、あまり大きな比重を占めていませんし、過労死ラインかどうかで大きな差もついていません。多くの教員を忙しくさせているのは、膨大な事務作業やクレーマーではなく、先生たちが授業準備や給食、掃除、学校行事、部活動などで**一生懸命子どもたちに向き合っているから**だ、とデータは語ります[*8]。

ただし、あくまでもこのデータは週60時間以上勤務する教員等の平均的な数字であって、事務量や保護者との関係は個人差や学校ごとの差も大きいであろうことは留意しておくべきです。つまり、分散が大きいので、平均だけで見ていると危ないのです。たとえば、前掲図表3－6は教諭についてでしたが、副校長・教頭となると、事務的な負担がたいへん重いのは事実です。また、精神疾患による過労自死な

＊8　神林寿幸『公立小・中学校教員の業務負担』（大学教育出版、２０１７年）では、１９５０～60年代ならびに２０００年代後半以降に実施された公立小・中学校教諭の労働時間調査を分析しています。これによると、事務処理に費やす時間や保護者等の対応時間は増加していませんが（60頁）、生活指導・生徒指導や課外活動（部活動等）に費やす時間が、１９５０～60年代と比べて、２０００年代後半以降は増えています（63頁）。

どでは、保護者との関係がもつれ、多大な負荷となったケースもあります。

勤務時間中に授業準備ができない

私たちは事務作業の負担や保護者との関わりは軽視してよい、と述べているのではありません。メディアなどの報道や教員自身の認識としては、そうした負担に注目が集まりがちですが、**教育活動の負荷にも注目しなければならない**、ということを確認したいのです。

とりわけ、小学校では、十数教科前後のほとんどの授業を各学級担任が担っています。しかも、採用1年目の新人や採用試験に不合格だった講師などがいきなりこれを任される現実があるわけです。

小学校の先生のスケジュールの過密さは異常です。**「膀胱炎が職業病」**と言われることも多いのは、トイレに行く暇もないくらい忙しいからです。

なお、特別支援学校の教員もこれと似た状況にあり、障害の種類や程度にもよりますが、児童生徒の休み時間も目が離せないため、付きっきりです。精神的な負荷も高い、こうしたノンストップ労働は、大きな問題ですし、実際、教師の過労自死も起きていますが、特別支援学校の勤務実態の改善については、文科省でもほとんど議論されていないように見えます。

話を小学校教員に戻すと、毎日が過密となっている背景にあるのが、空き時間（授業を担当しない空きコマ）がないことです。図表３－７は、小・中学校教諭の１週間の持ち授業数を示したものです。小学校教員の場合、週26コマ以上持っている人が47・４％、21～25コマも39・７％もいます。中学校では16～20コマ56・８％、21～25コマが23・７％で、26コマ以上は１・７％です（いずれも０コマ、無回答を除いた割合）。

26コマというと、５コマ×４日＋６コマ×１日ということなので、ほとんど授業に出ずっぱりということです（週で３コマ前後しか空き時間はありません）。私（妹尾）も数年前にＰＴＡ会長をしていたときに感じましたが、保護者が日中に連絡を入れようにも、職員室に担任の先生がいることはほとんどありません。

そして、少ない空きコマにも、休憩できるわけではなく、授業準備、宿題などのチェックとコメント書き、各種事務、会議などが入ります。そして６時間目が終わったあとも、授業準備や部活動（小学校は中学校ほどではありませんが、一部に吹奏楽部や合唱部などが活動している学校もあります）、会議、事務作業等もあります。

図表３－７　小・中学校教諭の１週間の授業持ち時間

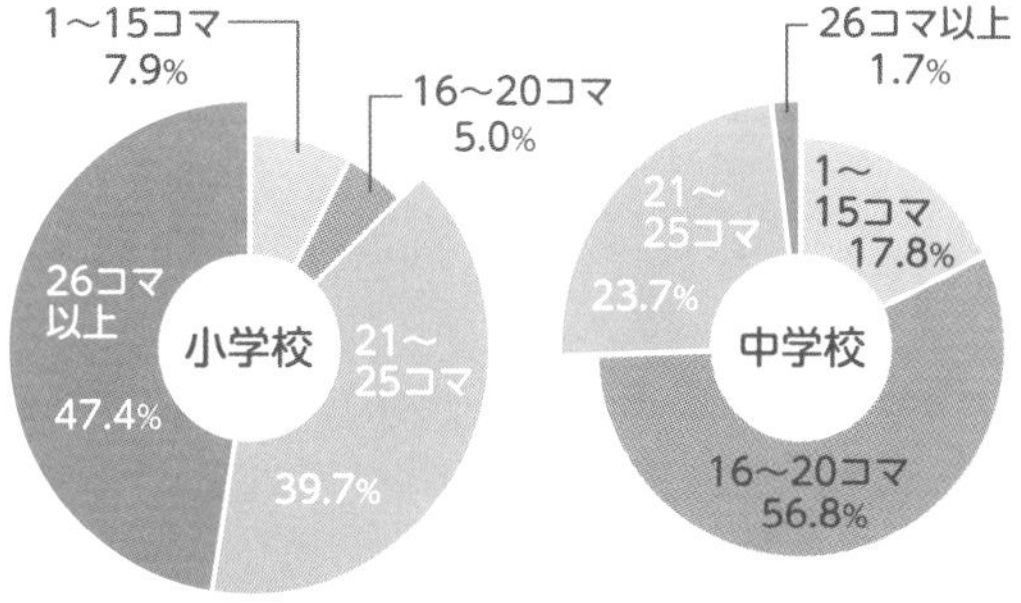

出所）文部科学省「教員勤務実態調査」（2016年実施）をもとに作成

こうして、実際の過労死等の事案を見てもわかりますが、１日７時間45分（勤務終了時間は自治体ごとに異なりますが、16：30～17：00頃まで）の**勤務時間の中では授業準備を十分に行うことができない**のです。

学校でもっとも重要なことのひとつが授業のはずなのに、これではオカシイですよね？

小学校がいっそう過酷になる構造的な問題

しかも、このデータよりも、**ここ2、3年はもっとしんどい状況にある小学校教師も多い**です。主な理由として三点に整理します。

第一に、2020年度から新しい学習指導要領になり、小学校では授業時数はさらに増えています。

第二に、教師不足、講師不足の影響です。産休・育休をとる先生の代替の講師がなかなか見つからない、あるいは年度途中にうつ病などで病気休職となった先生の代わりが来ないという人手不足の問題は、各地で深刻です。そのため、本来配置されるべき人がいない状況で、いまいる人の担当授業を増やすなどして、歯を食いしばるようにして、なんとかもちこたえている学校も多くあります。ひどいケースでは週30コマすべて埋まっている先生もいます。

最近、文科省は初めて教師不足の実態調査を行いました。2022年1月に公表された資料によると、2021年4月時点で全国の公立小学校、中学校、高等学校、特別支援学校の教師不足は合計2558人でした（うち小学校が最も多く1218人）。ただし、これは各地の教育委員会や学校が必死になって講師を探しても、不足があったということであり、年度途中ではもっと不足は多いことが予想されます[*9]。

教師不足は以前からあった問題ですが、ここ数年はいっそう深刻化している可能性が高いです。というのも、公立小学校の教員採用試験の倍率低下は度々ニュースなどになっていますが、倍率が低いということは、不合格者が少ないということです。不合格者が講師登録していることが多いので、倍率低下は講師登録者が少なくなっていることを意味します。

また、精神疾患になる先生は多いままですし、ここ4、5年では20代、30代の精神疾患で長期の休みを取る人は急増しています（第2章を参照）。

そして、こうした過酷な学校現場の実態を敬遠して、教員や講師になりたがらない人も増えている可能性が高い状況です。

さらには、小学校では女性の先生も多く、産休・育休を取る方も多くいます（男性の育休も増えてほしいですが）。とりわけ、この傾向は都市部で顕著です。教員の年齢構成は、地域差（都道府県ごとなど）が大きく、オールジャパンで捉えるわけにはいきません。かつて児童生徒が増えて、教員を大量採用した時期が都道府県ごとにちがっており、定年退職者が急増する時期（小昨今は少子化しているとはいえ、大量採用が必要な時期）も地域差があるためです。

参考までに図表3－8は、東京都、神奈川県、愛知県、大阪府の公立小学校の年齢別教員数の分布を見たものですが、これらの自治体ではおおむね、大量退職の時期はピークダウンしており、すでに若手の先生が多いです（自治体ごとに多少ちがいはありますが、20代後半～30代が多い）。産休・育休を取る世代の先生が多くなっているのです。地方では数年遅れてこの状況に似た年齢構成になる自治体もあ

＊9　教師不足調査の問題点などは、妹尾のYahoo!ニュースや東洋経済オンラインの記事で解説しています。

ります。

小学校で空きコマがない、少ない第三の理由は、学級経営や授業に不安を抱える先生が一部とはいえ、少なくないことです。一概に若手だから問題があるなどと断定することはできませんが、先ほどの年齢構成の分布を見ても明らかなように、経験の浅い先生が多い小学校は（都市部等では）多いです。ベテランであっても、従来の指導方法では特性のある児童にはうまくいかず、子どもとの関係性をつくれないケースもあります。

学級崩壊しかかっているクラスがあったり、授業がとてもマズイなという先生がいたりすると、教頭や他の同僚は、空き時間を返上してヘルプに出かけます。

図表３－８　年齢別教員数の分布

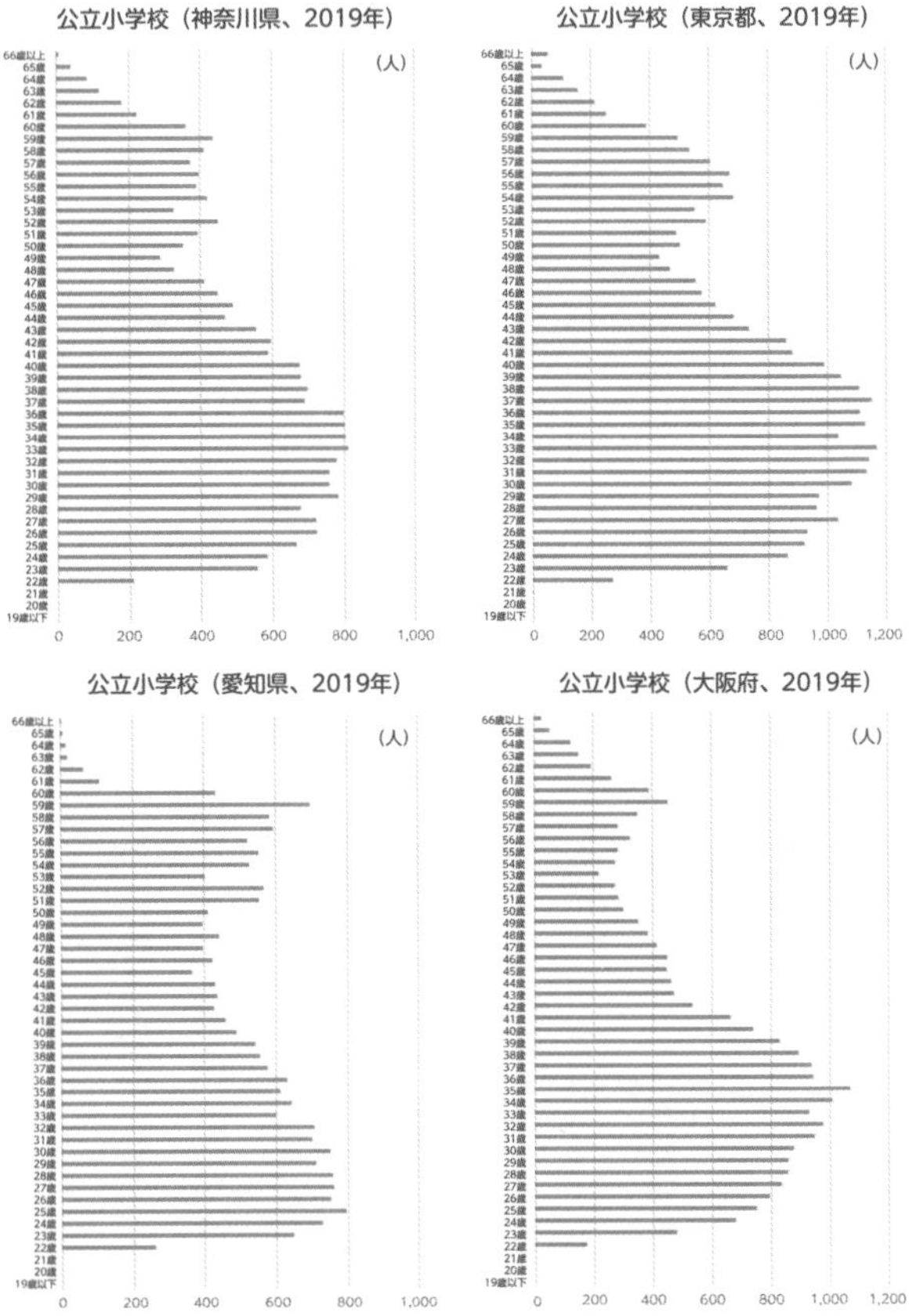

出所）学校教員統計調査をもとに作成

高校教師と小学校教師の〝格差〟

高校も部活動や進路指導等で多忙ではありますが、小・中学校と比べるとかなり恵まれています。国の学校教員統計調査（小・中学校の教員勤務実態調査と同じ２０１６年度のデータで比較）によると、公立高校の場合、担当授業時数が週20コマ未満の教師は86・1％を占めますし、授業を持つ教師の平均授業時数は週に15・４コマです。

つまり、**小学校の先生と高校の先生との間では、担当する授業時数が週で約10コマないしそれ以上もちがう**のです[＊10]。さらに、高校では給食指導や休み時間の見守りもほとんどありませんから、お昼の休憩なども取りやすいです（生徒指導がとても大変な学校を除いて）。高校の先生に聞くと「小学校には赴任したくない」と言う人は少なくありません[＊11]。長時間労働の高校の先生もいますし、実際過労死等は高校でも起きていますが、小学校とは要因がまったく異なります（部活動や進路指導、補習、生徒指導などに大きな負担があることが多い）。

同じ地方公務員でありながら、これほど労働環境がちがうのは、小学校の先生にとっては、腹立たし

＊10　中学校、高校では通常1コマは50分授業、小学校では45分授業という差はありますが、空きコマ数のちがいと比べれば大きなちがいとは言えません。

＊11　小学校の教員の過密スケジュールが敬遠されているというだけでなく、高校生よりも小学生相手に授業するほうが難しいと感じている高校教師も多いことなども影響していることではあります。

い〝格差〟のひとつであろうと思います。

私たちは、なにも高校の先生を責めているのではありません。なぜこれほどちがうのかというと、中学校、高校では教科担任制のため、先生の数が小学校よりも手厚く配置されているためです。一方の**小学校は学級担任制を前提としているため、9教科も10教科も1人の担任が見る「ワンオペ」体制の予算と人手しか、国もずっと付けてこなかった**のです。制度、政策の問題です。

ここ1、2年では、小学校でも教科担任制を導入しようとする動きが国でも地方自治体でも起きていますので、多少はマシになる可能性があります。1人が10教科近くも準備するよりも、5教科、6教科などになると、ずいぶん違ってきます。

ただし、次の点で注意が必要で、小学校の教科担任制の導入による負担軽減の効果は限定的です。

・高学年のみを対象としていることが多いこと。
・教科担任制と言っても、理科、図工など一部の教科に専科教員を配置することを意味しており、中・高のような全教科での教科担任制ではないこと。
・専科教員を追加的に配置する代わりに、従来は算数の少人数指導などに配置されていた教員を引き上げる可能性もあること。

忙しさや授業準備時間がまったく考慮されていない教員定数の算定

こうした校種ごとの違いの発端は、教員定数を決める算定式にあります。小・中学校の教員は、基本的には「学級数×係数」という計算式をもとにしています（基礎定数）。加配定数といって、少人数指導や生徒指導等のために別途加算されるものもありますが、教員の大部分がこの基礎定数分です。「学級数×係数」の係数（「乗ずる率」とか「乗ずる数」と呼ばれます）が小学校と中学校で、ずいぶん違うのです。学級数等にもよりますが、基本的には、中学校教員数は、教科担任制を前提としているため、小学校よりも多少恵まれています。高校については、生徒の定員をもとに教員数が算定されますが、中学校よりもさらに多めに算定されるようです。

こうした教員定数の算定式は、法律で決まっています。

義務教育標準法が成立したのは１９５８（昭和33）年（高等学校標準法は１９６１年）。その後、何度か改正されていますが（直近では小学校の35人以下学級化など）、**小・中学校の教員数を「学級数×係数」で決める基本的な考え方は、60年以上変わっていません。**

義務教育標準法が設計された当時は1学級50人以上の学級が全体の三分の一もあったような状況で、かつ都道府県の間や市町村の間での教育費の格差も大きい状況でした（苅谷剛彦『教育と平等――大衆教育社会はいかに生成したか』〈中公新書、２００９年〉１３４頁などを参照）。国が学級数に応じた標準的な教員数を定め、義務教育費国庫負担制度により国費で自治体を支援するという仕組みは、教育環境の不平等が大きかった時代背景のもとでは、合理的な意義があったわけです。

ところが、次の点がほとんど勘案されない制度のまま、今日までいたっています。四点に整理します。

第一に、教員の業務負担や忙しさは、まったく考慮されていません。つまり、何時間くらいの授業を持つと、その準備にはこのくらいかかり、他の業務もこれくらいあるから、教員数はこのくらい必要、というロジックは、この算定式にはありません。**勤務時間中に授業準備をする時間がなくても、法制度としてはお構いなし**なのです[*12]。

もっとも、義務教育標準法ができた１９５８年当時は、１コマの授業にだいたい1時間程度の授業準備がかかるであろうという前提で文部省はいたことが、国会答弁でも明言されています（図表３－９）[*13]。

現在の公立学校教員の1週間の勤務時間は38時間45分なので、仮に1週間の担当授業が20コマだとすれば、授業と授業準備だけで勤務時間が一杯になります。当時の考え方と給特法上の時間外勤務命令が制限されている趣旨を尊重するなら、いまのような小学校教員、中学校教員の授業コマ数を詰め込むということには、本来はならないはずです。

個別最適な学びを進める上でも問題の多い算定式

第二に、1学級40人なら、**40人を同質性の高い集団であると仮定**しています。仮にこの40人の中に、さまざまな事情で丁寧な個別的なケア・支援が必要な子がいたとしても、教員数は変わりません。たとえば、外国から来たばかりで、日本語がほとんどできない子には、やはり丁寧な対応が必要となります。が、担任の先生は基本1人のままです。

文科省もこうした問題は認識していて、２０１７年の義務教育標準法の改正で、外国人児童生徒や特別な支援が必要な子（通級指導の対象の児童生徒）については、教員定数の改善（教員増）が少し進みました。しかし、おそらく多くの学校現場の実感としては、この改正で十分だとは言えない状況です。

第三に、以上二点とも重なりますが、「個別最適な学び」と「協働的な学び」を推進する上で必要な教員数を算定したものではありません。

いまの制度は「暗黙のうちに一斉授業や共通のカリキュラムを前提にしている」（苅谷剛彦『教育と平等』134頁）ものです。1学級あたりの最大収容人数を決めた上で、それをもとに教員数を積算するわけですから、

図表3－9　授業準備時間についての文科省の認識（国会答弁）

> 林紀子議員：お聞きしたいんですけれども、文部科学省は、授業を準備するための時間、いろいろありますけれども、それ一つだけ取ってみてもどれくらいの時間が必要か、例えば一時間の授業、四十五分一こまの授業をするためにどれくらいの準備時間が必要というふうにお考えになっていらっしゃいますでしょうか。
>
> 政府参考人、矢野重典・初等中等教育局長：教員が授業を行う際にどれくらいの準備を必要とするかということについてのお尋ねでございますが、担当する教科の内容などによって違いがあると思われるわけでございますが、一つの参考になりますのは、昭和三十三年のいわゆる標準法制定当時における教職員定数を算定するに当たりまして、一時間の授業につきましては一時間程度は授業の準備が必要ではないかというふうに考えていたところでございまして、それをベースに昭和三十三年の標準法制定当時の教職員定数を算定したという経緯がございますが、その考え方につきましては、少なくとも教職員定数を積算する場合においては、現在においてもこれくらいな時間が必要ではないかというふうに考えております。

出所）「第154回国会・参議院・文教科学委員会・平成14年5月23日、議事録」

＊12　浜田博文教授（筑波大学）もこう述べています。「そこ（引用者注：教職員数の算定、配置の考え方）には、一人ひとりの教師が7時間半なり8時間の勤務時間のなかで、何時間を実際の授業に費やし、何時間を授業の準備に費やし、何時間を教員間の打ち合わせに費やして、ということが一切考えられていません。」（『教職研修』2018年1月号21頁、教育開発研究所）

＊13　2002年の国会答弁を引用しましたが、この認識が現在も変わっていないことは、2022年4月6日の衆議院・文部科学委員会での文科省答弁でも確認できます。

児童生徒の一人ひとりの多様な特性や個性に応じて、学びの内容や方法、スピードを変えるといった点はまったく考慮されていません。「いわば教員中心の授業時数標準主義が現行義務標準法のパラダイム」[＊14]なのです。

もう少し説明しますね。1人1台端末などを使えば、一人ひとりの特性や習熟度に応じた学びを行いやすくなります。たとえば、英語の授業。かつては、教科書の内容を先生が音読して、"Repeat after me."と呼びかけたあと、生徒がみんなで音読していくといった授業風景が多かったかもしれません。しかし、教科書の内容が難しすぎる子もいれば、簡単すぎる子も教室には混ざっています。また、文字で追うのが苦手な子もいますし、映像や音声を通じて学んだほうが習得しやすい子もいます。

1人1台端末やさまざまなアプリなどを使うことで、一斉授業ではできなかった、多様な学び方が可能となります。また、探究的な学びでは、一人ひとりの興味・関心を深められる学び（個性化学習）が進みやすくなります。

1教室に35人ないし40人もいる中では、児童生徒一人ひとりの進ちょくや関心がバラバラなところを1人の教師が支援、助言等をするには限界があります[＊15]。

資源や実現手段を考慮しない教育政策

最後に、いまの法制度の四点目の問題は、小学校では1人の学級担任が朝から夕方まで1人で担当する、ワンオペを前提とした制度であることです。ほとんどの小学校では、1年目の新米教師から担任で、さまざまな背景、困難を抱える子どもへのケアや保護者とのやりとりなど、重責を担っています。級外と呼ばれる担任外の教員は算定式上、多くは配置されないので、担任の先生は、体調が悪いときなども休みづらい制度となっています。

また、ギリギリの人数しか配置されないため、新型コロナウイルスが猛威を振るっている昨今、教職員が感染したり、濃厚接触者となったりした場合の体制としても脆弱です。校長、教頭が担任の代行をしたり、教育委員会職員を派遣したりして、なんとか急場をしのいでいる小学校も多いです。

文科省はこんな教育を推進したいという高い理想はどんどん掲げるのですが、**その実現のためには、どのくらい（質と量）の教職員や予算（外部委託費等）が必要なのか、資源について検討し、十分に用意してきたとは言い難いと思います。**

教育行政の専門家である青木栄一教授（東北大学）も、文科省は「『政策実施手段』に無頓着である」とし、「資源制約を考慮せず前線の努力に丸投げする」点が「兵站《へいたん》無視の作戦」と共通していると評しています（『文部科学省』中公新書、2021年、169頁）。

戦争にたとえるなら、補給もなく、援軍もよこせないまま、「現場（＝学校、教委）はもうしばらく辛抱してがんばってくれ」という精神論だけで突き進もうとしています。これでは、精神疾患等になる教員が減らないのも無理はありません。教師の過労死等を防ぐ体制としても、あまりにも脆弱です。

＊14　末冨芳「義務教育における『標準』の再検討――基礎定数改革の困難と展望――」『日本教育行政学会年報No.42　教育財政をめぐる問題群』50頁、2016年

＊15　大学などのゼミや卒論指導などでは、20人にも満たない少人数が多いです。

〈２〉〝子どものため〟という自縄自縛

児童生徒のためにやめられない

なぜ先生たちが、これほどまでに多忙になるかと言えば、それは、資源や実現手段を考慮しない教育行政のせいという側面もありますが、同時に、当の**先生たちが「子ども（児童生徒）のため」によかれと思ってやってきた結果、仕事が増え続けた、手離れしてこなかった**、という側面もあります。

よく言えば、先生たちのボランタリー精神、善意が日本の教育を支えてきた、ということでもあり、悪く言えば、教師たちの献身性に、学校（校長等）も、行政も、保護者も、社会も甘えてきたとも言えます。

たとえば、部活動の負担が重いことはずっと以前から知られてきたことです。１９７０年代には部活動を教員ではなく、地域社会に担ってもらおうという議論が起きました[*16]。にもかかわらず、これまでなかなか見直しが進まなかったのは、さまざまな事情がありますが、ひとつには、部活動の教育効果が大きいと考えられてきたからです。つまり、生徒たちの心身の健康、困難なことに挑戦してやりきったという達成感、異年齢での人間関係づくりなど、生徒指導上の効果や生きる力を高める効果が部活動にはある、という考えです。

最近でも毎日新聞に『部活は生徒のため』休日ささげた顧問教員、家族の犠牲に限界」というタイトルの記事が掲載されました（2022年4月12日）。こうした思いでがんばってきた先生は多くいます[*17]。

同時に、放課後や土日、先生が面倒を見てくれるのは、保護者としては、子育てから解放されますから、助かってきたわけです（通常の習い事と比べると、安上がりですし）。教師、生徒、保護者、行政などの関係者の思惑、ニーズが噛み合ってきた結果、部活動の肥大化は進んできました[*18]。

部活動だけではありません。小学校や中学校では丸付け（採点）や添削、学校行事の準備などにも多くの時間がかかっています。過労死等の事案でも、部活動の負担だけが問題ではなく、持ち帰り仕事で丸付けやコメント書きをしているケースが多く見られます。

「子どものためになるから」という発想だけでなく、必要性や効率、生産性も考える必要があります。私（妹尾）は教員研修等で、「教育効果はあるかもしれないけれど、コメントを返すのが目的化していませんか。また、授業中に確認できる範囲にとどめるなど、もう少し時間の使い方を変えることはできませんか」といった問いかけをよくしています[*19]。

＊16　中澤篤史『そろそろ、部活のこれからを話しませんか』（大月書店、2017年）、内田良・中澤篤史「美しく語られすぎた『部活動』を読み解く」（『世界』2017年3月号、75頁、岩波書店）

＊17　前述の神林（2017）の研究成果からも示唆されることです。

＊18　もっとも、実際には、教師の中にも部活動指導を好まない先生や消極的な人もいましたし、生徒、保護者の中にも、部活動よりも他の活動（勉強や習い事など）を重視してきた家庭もありました。とはいえ、世の中の大きなトレンドとしては、本文中に記述した傾向があったのではないでしょうか。

本当に子どものためになっているのか？

言い換えれば、子どものためになると思われる活動であっても、**それが本当に子どものためになっているのか、という問い直し、批判的リフレクションが大切**です。

たとえば、ある中学校では、生活ノートなどと呼ばれる交換日記のようなものを生徒は毎日記入していて、学級担任はその確認や返事を書くのに空きコマ１つ分くらいは使っています。生徒の様子がわかる、悩みや異変があればキャッチしやすいと言う先生もいるのですが、深刻な悩みなら書かない生徒もいるでしょうし、本当にそれほど教育的な意義があるのか、私には疑問です。

担任のチェックやコメントがなくても、生徒が自分でスケジュールを考えたり、反省点を活かすようにしたりできるようになることが、本当の意味で「子どものため」になるのではないでしょうか。丁寧過ぎるチェックは、生徒の自主性や自律を遠ざけてしまっている可能性もあります。

さて、文科省も多くの教育委員会も、これまで「教師が子どもと向き合う時間を確保するため」に働き方改革を進めると言ってきました[＊20]。しかし、**これは半分正しく、半分誤り**だと思います。子どもと向き合う時間を大切にしたいという気持ちを否定したいのではありません。ですが、これまで述べてきたとおり、教員の多くは、子どもと向き合うことを大事にしようとするあまり、部活動指導や提出物の丁寧なチェック、ほとんど一からオリジナルで進める教材研究、〝〇〇指導〟や〝〇〇教育〟の増加などで時間を取られ、長時間過密労働がいつまで経っても解決しない、デッドロックに陥っています。

健康社会学者の河合薫氏は**「子どもがかわいそう」というのは、教師を追い詰める「呪いの言葉」**になっていると指摘します[*21]。そして29歳のある小学校教師の言葉を紹介しています。

「給食のない日。お弁当を持ってこない生徒がいます。親に何度連絡しても、『わかりました。気をつけます』って言うんですけど、絶対に持たせない。子どもがかわいそうなので、私、自分のお弁当をたくさん持っていって子どもにわけています。」

河合さんはこう述べています。

「多くのバーンアウト研究から、『一人きりで責任を背負うことのない職場』にすることの重要性が示唆されている。だが、新人であれ、20代であれ、『先生』は『先生』。いったん『先生』になった途

＊19　学校行事については、コロナの影響で中止や縮小が相次いでおり、準備にかける時間が減っている学校も多いようです。逆に言えば、「コロナ前までは何度も練習したりして、どうしてあんなにも時間をかけていたのか」という気づきがあった、と述べる教員もいます。コロナが落ち着いても、コロナ前に戻らないようにできるかが問われます。

＊20　文科省「学校現場における業務改善のためのガイドライン」（２０１５年7月）、ほか各地の教育委員会の働き方改革に関する計画などを参照。

＊21　「追いつめられる教師　『子どもがかわいそう』という呪いの言葉」（２０１６年12月12日記事）http://bylines.news.yahoo.co.jp/kawaikaoru/20161212-00065401/（２０２２年6月30日確認）

端、余人をもって代えがたい状況に追い込まれ、〝その先生〟が対応しなければならない仕事に四六時中追われ、何か問題が起きると、すべて〝その先生〟の責任にされ……。仕事が好きな人ほど、真面目な人ほど、『子どものため』にと孤軍奮闘し、追い込まれる。」

高校の多忙の内訳

さて、ここまでのところで、小学校などと比べると、高校の先生は空きコマもあるし、ずいぶん働き方はよいほうなのではないか、と思われた方もいるかもしれません。

確かにその点では恵まれているのですが、高校では部活動や進路指導、生徒指導などで忙しい先生も多くいます。石川県教育委員会の調査によると、中学校、高校ともに、時間外の多くは、部活動と校務分掌が占めます（図表3－10）。確かに高校では月80時間超の人は小学校、中学校よりも少ないので、働き方は幾分かマシなのですが、中にはたいへんな長時間労働の人もいますので、油断できません。

現に、私たちのデータでも確認したように、高校教師の過労死等も起きています。その背景には、部活動や進路指導、生徒指導などで特定の人に過度な負担がかかっていることも影響しています[*22]。

また、高校では早朝から補習（正規の授業と内容は大差ない場合もある）を行ったり、1日7時間目、8時間目で授業（ないし補習）をしたりしているところも少なくありません。ベネッセ教育総合研究所の2016年の調査（第6回学習指導基本調査）によると、朝学習（0時間目や朝補習）を実施しているのは、公立高校の約56・0％、私立高校の61・1％に上ります。「大学受験のため、就職のため」という思いで進めているのでしょうし、高校は生徒獲得の競争の中でついサービスを増やしがちです。あるいは、長年やってきて急にやめられない（保護者からクレームが来るとややこしい）ということかもしれません。ですが、勤務時間などおかまいなしの姿勢、保育園の送り迎えに行けないような補習はいかがなものでしょうか。それに生徒の疲労蓄積や睡眠不足も助長してしまいます。

　コロナの影響で、授業自体を短縮したり、生徒の登校時間をずらす取り組みをしたりしてきた高校もあることでしょう。そうした結果、早朝や放課後の補習等がなくなった学校もあります。丁寧な添削なども同じですが、長い時間、生徒を拘束することが本当に生徒のためになっているのか、という点も含めて、見直しが必要だと思います。

子どものこと最優先で、自分たちのことには関心が薄い

　教員の過労死等の事案の中には、頭痛があった、どんと疲れを感じるようになったなど、何らかの予兆、サインが見られることが多いです。

＊22 もっとも、一口に高校と言っても、さまざまであり、多忙の内訳、要因を各校ごと、個人ごとに注意深く見ていく必要があります。

図表3－10　部活動を担当する教員の時間外勤務時間の内訳（10～12月の月平均）

出所）石川県教育委員会「教職員の多忙化改善に向けた３年間の取組についての報告書」（令和４年３月）55頁から引用

あるいは相当精神的にまいっていることを本人が口にしていたケースなども多く見られます。疲れ切っている本人やその家族を、「なぜもっと事態を重く見なかったのか」とか「もっと早く気づいてあげればよかった」と批判するのは、「後知恵バイアス」（物事が起きた後で「そうだと思った」などと、そのことが予測可能だったと考える心理的傾向のこと）でもあり、酷だと思います。校長や教頭、同僚が「もっと気づくべきだった」と捉えることも、後知恵かもしれませんが、家族よりも長い時間を過ごす職場で、しかもそれなりの人数がいるなかで見過ごされていた、もしくは深刻に捉えられていなかったのです。反省材料は多くあるのではないでしょうか。

ある小学校を外部有識者が観察した（関係者ヒアリングなどを経た）結果として、次の言及があります。

○「自分のことで手一杯」で他のことに干渉したくない、問題を増やしたくない、と考えている教員が実に多い（中略）。業務に余裕のない今日の教員の状況が、見て見ぬふり（放置）に寄与した部分もあると言わざるを得ない。

○学校現場では、目先の「大変なこと」に対処し、子どものことだけに向き合っていれば良いとする職場風土になってしまっている。

この指摘は、神戸市立東須磨小学校で起きた、教員間暴行事件に関する検証報告書の一節です[*23]。2019年に発覚し、激辛カレー事件などと大きなニュースとなりました。もちろん、当時の東須磨小の状況と似た現実が全国各地にあると言えるわけではありませんが、東須磨小の反省から学べることは少なくないと、私たちは考えます。

つまり、「教職員は、子どもたちのことはそれなりに情報共有等するけれども、お互いのことには無関心になっていないか」という問題提起は、多くの学校も考えていかなくてはいけないことではないでしょうか。

なぜ、人気で業績もよい会社で過労死等が起きるのか

ここ数年、教職、学校が「ブラックだ」とよく言われるようになり、社会にもそうしたイメージが強まっています[*24]。

ところで、「ブラック企業」とは何かについては、実ははっきりしていませんが、よく参照されるのはブラック企業被害対策弁護団の定義です。そこでは、狭義には「新興産業において、若者を大量に採

＊23 最初に引用したのは、「神戸市立小学校における職員間ハラスメント事案に係る調査委員会　調査報告書（概要版、令和2年2月21日）」29頁。2番目に引用したのは「神戸市教育委員会　教員間ハラスメント事案に係る再発防止検討委員会　報告書（令和3年1月）」12頁。

＊24 「ブラック＝悪」、あるいは「ホワイト＝善」とレッテルを貼ることは、人種差別にもつながりかねず、ステレオタイプを強化してしまう危険性があるため、本来は、使うべきではないと思います。ただし、本書では、このあと述べるとおり、「ブラック・アンド・ホワイト企業」とも呼ぶべき組織の特徴と学校を対比して分析するため、やむなく「ブラック企業」等の用語を用います。

用し、過重労働・違法労働によって使い潰し、次々と離職に追い込む成長大企業」であるとされています。ＩＴ業界などで、若手を使い捨てているような企業がイメージされているようです。

ところが、電通やトヨタ自動車など、新興産業でもなく、若者の離職率も低い企業においても、過労死等は起きています。では「ブラック企業」の定義（狭義）に当てはまらないのだから「ホワイト」なのかと問われると、過労死等を出しているのですから、そうとも言えません[＊25]。

野村正實『「優良企業」でなぜ過労死・過労自殺が？――「ブラック・アンド・ホワイト企業」としての日本企業』（ミネルヴァ書房、２０１８年）は、経営学者がこの疑問を分析した好著です。そこでは、「日本の多くの企業は黒か白かという二分法で分類できるものではなく、ブラックな部分とホワイトの部分を同時にあわせ持ったブラック・アンド・ホワイト企業である」と述べられています[＊26]。

押さえておきたいポイントのひとつは、日本の会社の多くは、利益を追求する「利益組織という土台の上に、共同体的上部構造を構築しようとしている」ところです[＊27]。共同体的というのは、経営理念や社風を重んじる経営を行い、それらを社員教育の中で刷り込んでいくことを指しています。１９５０年代半ばからの高度成長期には、企業は社員旅行、お花見、ボウリング大会、ゴルフコンペなど多彩な社内行事を行うようになりました。社宅も完備します。こうした中で、会社の時間と従業員のプライベートな時間の境界が曖昧になっていきました。同時に企業は利益追求の組織ですから、従業員の時間（プライベートな時間も含めて）をなるべくフルに活用しようとします。

もともと、採用の時点で、企業は、学生の人格を徹底的にチェックします。学生もそのことをよく知っていて、採用（内定）が決定すると、自分の人格が会社によって認められた、と感じ、それは会社への従属感をも高めます。その上で、新入社員研修などを通じて、会社のルールや慣習、社風を教え込み、企業人に仕立てていくのです。

その企業の文化、社風に染まった従業員にとって、会社は居心地のよい、とてもいい会社、ホワイト企業です。しかし、ここに大きな落とし穴があります。引用します[*28]。

「自分に課せられた仕事をこなせない場合、会社の利益を損なうだけでなく、身近な同僚や上司に迷惑・負担をかけることになる。つまり、会社の利益組織的土台と共同体的上部構造の両面から責め立てられる。ひたすら働き続けるしかない。そして限界を超えてしまったとき、過労死・過労自殺がおきる。大半の従業員によってホワイト企業とおもわれている会社が、過労死・過労自殺をもたらす。これがブラック・アンド・ホワイト企業の論理である。」

＊25 同弁護団のウェブページによると、「ブラック企業」を広義にとらえると、「違法な労働を強い、労働者の心身を危険にさらす企業」であると定義できるともあります。

＊26 野村（2018）188頁

＊27 野村（2018）76〜77頁

＊28 野村（2018）190〜191頁

学校はブラック・アンド・ホワイト企業の特徴と瓜二つ

少し長くなりましたが、ブラック・アンド・ホワイト企業の論理と学校での過労死等が起きる背景には、共通点があると、私たちは考えています。

もちろん、学校は利益組織ではありません（私立学校等では生徒募集がままならないと、経営が成り立ちませんので、財務的な業績が重要な側面もありますが）。ですが、ここを、子どもたちの健全育成、児童生徒の成長と置き換えると、どうでしょうか。学校は、児童生徒の育成、成長を担う組織であると同時に、教員間の共同体的な側面も有しています。

もっとも、共同体と言っても、学校や個々人によって程度の差はあります。とりわけ公立学校では異動が頻繁にありますから、多くの先生たちにとって、その学校への忠誠心、帰属意識はそれほど高いものではないかもしれません。終身雇用が多い企業の分析をそのまま当てはめるわけにはいきません（異動の少ない私立学校は、前掲の野村〈２０１８〉の分析とより近いものがあるかもしれません）。

ところで、卒業して何十年経っても「教え子」という言葉が使われることが象徴的ですが、学校の先生はその子どもの成長を支えてきたという自負を強くもっています。

教師には、「子どものため」という思いが強いということとも関連します。たとえば、深夜に生徒が補導されたとき、担任や生徒指導の先生らが駆けつけるということがよくあります。もちろん勤務時間外です。また、コロナで全国一斉休校のとき、地域をパトロールした教員もいました。生徒が悪いことをしていないか、気になったからだと言います。なぜ、学校の管理外、責任外のことに、学校が関与しようとするのでしょうか。それは、その児童生徒の成長を支えるという学校組織の目的、あるいは教師の仕事の意義からすれば、勤務時間内かどうかとか、学校の管理の外かどうかといった問題は二の次だ、と捉えられているからだろうと思います。

ただし、「子ども」とは、多くの場合、勤務校、ないし担当する学年・学級の児童生徒に限られます。他校の生徒が問題行動をしていても、介入、支援することは稀でしょう。一定の防波堤を置かないと、それこそ際限がなくなるということでもありますが、勤務校という範囲が一定の共同体的な側面をもっているということかもしれません。

程度の差はあれ、教師が限界まで働き続けてしまう背景のひとつとして、(勤務校や担当する学級等の)**子どもたちの成長を支えるという側面と、同僚らに迷惑をかけられないという共同体的な側面の両方が影響している可能性は高い**のではないでしょうか。実際、過労自死をした教師の遺書の中には、「すみません」と書かれているケースがいくつもあります。それは誰に対してか。家族に向けてというケースもありますが、児童生徒や同僚に向けてというケースもあります。

中教審の働き方改革の答申[*29]においても、次の一節があります。「教師のこれまでの働き方を見直し、教師が我が国の学校教育の蓄積と向かい合って自らの授業を磨くとともに日々の生活の質や教職人生を豊かにすることで、自らの人間性や創造性を高め、子供たちに対して効果的な教育活動を行うことができるようになることが学校における働き方改革の目的」である。

この目的の問題点については第5章でも議論しますが、これまでの分析をふまえると、ここの記述内容は諸刃の剣である、と言えます。「子供たちに対して効果的な教育活動を行う」こと、つまり、**子どものためという側面を強調すればするほど、教師はいつまでも働き続けてしまう**ことになりかねないからです。

〈3〉集団無責任体制、組織マネジメントの欠如

誰も調査しない、責任も取らない

教師の過労死等があとを絶たない背景のひとつには、校長も教育長も、誰も責任を取ろうとしない体制、体質がある、と私たちは捉えています。

とても悲しいことですが、児童生徒がいじめによって自死することも、毎年のように起きています。そうした場合、まだまだ内容やスピードで十分ではない点も多々ありますが、背景や原因について調査が入ったり、第三者委員会で一定の検証がなされたりします。その上で、学校側や教育委員会側が適切な対応を取らなかったと認められる場合には、然るべき処分が関係者に下されます。

ところが、教師が過労死等により亡くなったり、重大な障害を負う事態になったりしても、裁判で争われた場合など一部の例外を除いて、**背景や要因が調査されることはほとんどありませんし、検証さ**

れることもありません。教育委員会から学校へ多少の聞き取りなどはあるでしょうが、調査報告書が出されることは稀です。そして、責任の所在は曖昧なままです。

私たちが知る限り、唯一の例外が、郡上特別支援学校において、講師が自死した事案です（第1章35頁参照）。弁護士による調査報告書の概要版が県教委のウェブページで公表されています。本件では、裁判にまで発展したこと、再三にわたり遺族が調査を求めたこと、教育委員会がそれでも動かず、知事に訴えた結果事態が動き出したという経緯もあって[*30]、第三者による調査が入ったようです。

ほかの事案では、愛する人が突然亡くなり（あるいは重い障害をもつようになるなどの事態となり）、悲しみの底にいる遺族が真相解明に向けて動き出すのは困難であるケースも多くあります。公務災害の申請まで行かず（あるいはそうした制度があることを知らされることもなく）、事実上泣き寝入りとなっているケースも多くあると推測できます。しかも、たとえ公務災害の申請まで行っても、認められなかったり、何年も時間がかかったりすることもあります（76頁コラム②「公務災害認定までの長く険しい道のり」参照）。

そうしたなかで、校長や教育長らの責任は問われないままとなっているのです。

＊29　中央教育審議会「新しい時代の教育に向けた持続可能な学校指導・運営体制の構築のための学校における働き方改革に関する総合的な方策について（答申）」（2019年1月25日）

＊30　岐阜県職員労働組合連合会のブログを参照。https://ameblo.jp/gksr-k/entry-12414286910.html　（2022年6月30日確認）

みんな、他人事？

学校の過酷な労働環境についても、いったい誰が責任者なのかという基本的な問題が曖昧です。たとえば、企業であれば、過重な仕事を与え、社員が健康を害してしまうほどであれば、部課長もしくは社長が責任を問われます。民間の場合も、労働基準法違反となっても、罰則が甘いなど、法制度として十分ではない点はありますが[*31]、責任の所在が曖昧ということは、あまりないことだと思います。

ところが、公立学校の場合はどうでしょうか。

X県Y市立Z小学校の場合で考えてみると、服務監督という言い方をしますが（民間で言う労務管理に近いです）、ちゃんと仕事をしているかを監督するのは、設置者であるY市教育委員会の役割です。ただし、現場監督者であるZ小学校の校長にその具体的な業務は分担されています。

服務監督のなかには、勤務時間等の勤務状況の把握も含まれますし、Z小学校の教職員の雇用者はY市です。ですから、学校の長時間労働の問題に最も責任を有しているのは、Y市教育委員会とZ小学校の校長と言えます。

しかし、教員（県費負担教職員）の給与を負担しているのはX県と国です。市区町村には財政力に大きな差がありますから、市区町村が教員の雇用に完全な責任をもってしまうと、優秀な教員を裕福な自治体が抱え込んでしまう恐れがある、と考えられたためです[*32]。また、教員の勤務に関する基本的なルール（勤務時間）は、X県の条例等で定められています（勤務条件条例主義）。

また、都道府県内で広域な人事異動が行われることもありますし、国と都道府県は市区町村に対して、さまざまな財政的な支援をすることがあります。

ややこしいですよね。Y市教育委員会としては、こうした状況と自前の予算が潤沢でないといった事情も合わさって、「労働環境の改善にはもっとX県が動いてくれないと」という発想になりやすいです。一方のX県や文科省としては、日常的な管理はY市教育委員会の役割なのだし、「Y市が動いてくれないと」と言います。

こうした結果と給特法という特殊な法律のせいもあって、公立学校では長年、タイムカード、ICカードすら導入されず、長時間労働の把握と是正にリーダーシップを発揮する組織は長く現れないままでした。なお、私立学校の場合はこうした制度上のややこしさはありませんが、公立学校に似せたルールと慣習を敷いていて、労働実態としては深刻な問題を抱えている学校も少なくありません。

学校の多忙の問題は、以上のほかにもさまざま要因が複雑に絡み合っていますが、ひとつには、**役割分担が複雑なために「他人事《ひとごと》」にしやすい構造的な問題**もあるのです[*33]。

＊31 36協定を締結しないで残業させた場合や、締結しても上限を超えて残業させた場合、残業代不払いの場合において、罰則は懲役6ヵ月以下又は罰金30万円以下です（労基法119条）。懲役刑が科されることはまずなく、事実上は罰金のみとなっていて、「甘すぎる」と論じる識者もいます。明石順平『人間使い捨て国家』（角川新書、2019年）参照。高橋まつりさんの事件でも、電通に科された刑事罰はたったの罰金50万円でした（民事的な賠償は別）。4人の社員の責任が認められ、30万円×4＝120万円が罰金刑の上限でしたが、減額されました。
＊32 指定都市の場合は現在は独自で教員を採用し、給与負担もしています（国による負担もあります）。
＊33 前掲、青木栄一『文部科学省——揺らぐ日本の教育と学術』（中公新書、2021年）参照。

とはいえ、日々の労務管理において、校長（ならびに校長を補佐する副校長・教頭）の責任が重いことは、言うまでもありません。

ところが、これまでの過労死等の事案の資料や判決文を読んでも、**校長、副校長・教頭はいったいなにをしていたのか、見えてこない**ものが実に多いです。職場で同僚・仲間が死んでいるのに（あるいは重い障害を負うほどなのに）。

訴訟では、校長はその教員がそこまで追い詰められていたとは知らなかった（少し専門用語になりますが、予見可能性はなかった）などと主張して、責任逃れをしようとするケースもあります。これでは、なんのために学校に管理職が置かれているのでしょうか。何を「管理」しているのでしょうか。

安全配慮義務の重要性

福井県の新任教諭、嶋田先生の自死については、裁判で校長の責任が認められました（第１章34頁参照）。嶋田さんの退勤時間が遅いことなどを校長は認識していましたが、仕事の優先順位を決めて早く帰るように促すくらいで、**業務内容を変更することなどは行っていなかったため、「安全配慮義務の履行を怠った」**と裁判所は判断しました。

安全配慮義務とは、労働者の心身の健康を損なうことがないように注意する義務を使用者は負っているという考え方です。最高裁判例でも認められた法理で、民間（私立学校等を含む）はもちろん、公務員にも認められます。

最近も注目の判決が出ました。大阪府立高校教諭の西本武史さんが、過重な業務により長時間労働を余儀なくされ、適応障害を発症したとして、大阪府に損害賠償請求した裁判。２０２２年6月28日、大阪地裁は、西本さんの主張をほぼ全面的に認める判決を出しました[*34]。現役の公立学校教員が教育委員会、学校を相手に裁判に訴えるのは異例です。

若手教員であった西本さんは、２０１７年度に世界史の授業、1年生の学級担任、ラグビー部の主顧問と卓球部の副顧問などを務めていました。

これらだけでも忙しいのですが、生徒をオーストラリアの姉妹校へ語学研修派遣する仕事がたいへんな重荷となりました。現地校とのやりとりなど、業務は多岐にわたるものでしたが、校長から頼まれ、西本さんはその責任者（国際交流委員長、17年度から）を引き受けざるを得ませんでした。

こうした過重な業務とプレッシャーのなか、西本さんは体調を崩し、17年7月下旬頃には適応障害を発症していたと見られます。

裁判所が認定した西本さんの時間外勤務時間は、6月21日～7月20日（発症前1ヵ月）：約１１３時間、5月22日～6月20日：約１４４時間、4月22日～5月21日：約１０８時間と、いわゆる過労死ラインを大きく超えるものでした。

この裁判でも大きな争点となったのは、校長に注意義務（安全配慮義務）違反があったかどうかです。

＊34　以下、大阪地裁令和4年6月28日判決文をもとに作成。

当時の校長は「体調は大丈夫ですか」「仕事の進み具合はどうですか」「仕事の配分を考え、優先順位をつけて効率的に業務を進めてください」などの声掛けを西本さんに頻繁に行っていました。こうしたことから、安全配慮義務は果たしていた、と府・学校は主張しました。

この主張を裁判所は退けます。判決文から引用します。

「校長としては、声掛けや面談等を行うだけでなく、原告の業務負担を改善するための具体的な措置を講じる必要があったというべきであり、**声掛けや面談等を行っただけでは注意義務を尽くしていたとはいえない。**」

「仕事に優先順位をつけて、国際交流の業務を役割分担して進めて欲しい旨アドバイスするにとどまり、原告の業務量自体を減らすものではなかったこと」から、「過重な業務負担の解消のために有効な配慮がされたとはいえない」。

また、西本さんは17年5月以降、自身の過重負担を校長に何度も訴えていました。裁判所はこう述べています。

「このままでは死んでしまう。」「もう限界です。精神も崩壊寸前です。」「成績も授業も間に合わない。オーストラリアに行く前に死んでしまう。」など、「追い詰められた精神状態を窺わせるメールを受信しながら、漫然と身体を気遣い休むようにとなどの声掛けなどをするのみで抜本的な業務負担軽減策を講じなかった結果、原告は本件発症に至ったものと認められるから」、「校長には注意義務（安全配慮義務）違反が認められる。」

校長には教職員の命と健康を守る責務がある

こうした訴訟から見えてくるものはなんでしょうか。二点に整理します。

一点目は、**使用者ならびに校長には、教職員の健康と命を守る責務があるということです。** 安全配慮義務の具体的な内容として、早く帰るように呼びかけたり、仕事の優先順位を決めるよう助言したりするくらいでは不十分であり、業務負担を軽減したり、役割分担を見直したりすることが、校長には必要ということです。

ところが、現実にどのくらいの校長がそこまで踏み込んでいるでしょうか。図表3－11は石川県教育委員会が２０２１年に小、中、高、特支に実施した教職員意識調査の一部です。「業務の偏りが配慮されているか」という質問に対して、肯定的な回答は2割ほどに過ぎず、「思わない」「あまり思わない」は約半数を占めます。とりわけ、月80時間の過労死ラインを超えて働いている教員の約7割は、配慮されていないと感じています。

横浜市教委と中原淳教授（立教大学）の研究室が横浜市立小・中学校の教員に実施した「教員の働き方や意識に関する質問紙調査」のデータでも、業務が属人化している職場（その人がいないと、仕事が回らない状態）や特定の人に業務が集中している職場では、そうではない

図表３－11　教職員意識調査の結果（業務の偏りが配慮されているか）

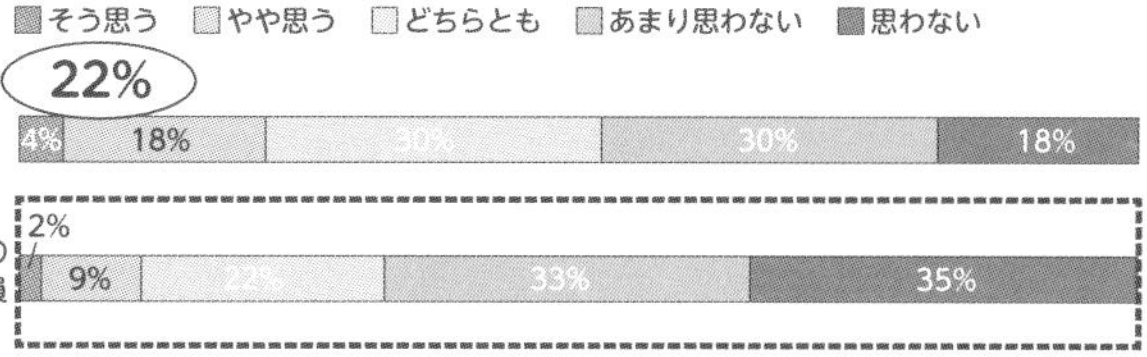

出所）石川県教育委員会「教職員の多忙化改善に向けた３年間の取組についての報告書」（令和４年３月）60頁から引用

職場よりも在校時間が長い傾向にあることが確認されています[*35]。

つまり、かなりの学校において、労働安全衛生も組織マネジメントも十分には機能していない可能性が高いのです[*36]。

しかし、だからといって、校長がトップダウンで一方的に指示するだけでは、学校という職場の多くではうまくいかないでしょう。校内研修や衛生委員会などの場で、教職員の対話と議論を促しながら、業務負担の軽減などを進めることが重要である、と私たちは考えます（第5章）。

嶋田さんや西本さんの訴訟からわかることの二点目は、記録の重要性です。教育委員会や校長が責任を果たしていたのか、検証する上で記録が不可欠です。西本さんの事案では、タイムレコーダー、それから部活動等の特殊勤務手当の申請書、あるいはメールでの訴えで、校長は業務の過重性を認識していたことが注目されました。こうした点からも、勤務記録の過少申告等は大問題です。

〈4〉チェックと是正指導の機能不全

労働安全衛生体制の整備が急務

労務管理や組織マネジメントが機能していないということとも密接に関連しますが、ある教員に過重な負担がかかっていること、もしくは、ある先生が精神的にとてもつらそうだということに、学校の中と教育委員会（国立・私立の場合法人）で早めに気づくことができる仕組みはあるでしょうか。多くの自治体等では非常に脆弱です。

たとえば、在校等時間はほとんどの学校で把握するようになりましたが、教育委員会に報告しておしまい、としているところが多いのではないでしょうか。負荷が高い人をどうケアするか、業務をどう減らすかなどを議論する、作戦会議の場も仕組みもありません。

労働安全衛生法上の衛生委員会がそうした場になり得ますが、50人未満の職場では必置ではありません。小・中学校などでは50人未満の学校も多いため、**衛生委員会が開かれていない**のです（そうした制度を知らない教職員も少なくありません）。また、50人以上の職場で衛生委員会が開かれていても、形だけ、形骸化しているケースもあります。

産業医の選任や面接指導体制についても、十分ではない自治体、学校も多くあります。文科省の調査によると、都道府県ごとにもかなりの差があります（図表3－12）。ストレスチェックの実施も同様です。

＊35　辻和洋・町支大祐編著、中原淳監修『データから考える教師の働き方入門』（毎日新聞出版、2019年）95～97頁

＊36　先日、知人の先生が「研修より労務を管理してほしい」とツイートしました。文科省が法改正をして、教員の研修記録の管理を都道府県等に義務付け、校長は研修履歴等に基づいて教員に指導助言することになったからです。どちらかだけしかできないというわけではありませんが、校長等の役割として、明らかに優先するべきは労務管理のほうでしょう。命、健康が関わっている話だからです。

図表３－12　公立学校における労働安全衛生管理体制等の整備率（中学校）

（令和元年５月１日現在）

区分		衛生管理者	衛生推進者	産業医	衛生委員会	面接指導体制（50人以上）	面接指導体制（50人未満）	ストレスチェック（50人以上）	ストレスチェック（50人未満）
		選任率	選任率	選任率	設置率	整備率	整備率	実施率	実施率
1	北海道	100.0%	63.9%	0.0%	0.0%	100.0%	47.1%	100.0%	63.0%
2	青森県	100.0%	90.3%	66.7%	66.7%	100.0%	45.0%	100.0%	48.7%
3	岩手県	100.0%	94.8%	100.0%	100.0%	100.0%	92.4%	100.0%	98.1%
4	宮城県	100.0%	66.8%	100.0%	100.0%	100.0%	92.6%	100.0%	75.9%
5	秋田県	100.0%	92.7%	100.0%	100.0%	100.0%	61.8%	100.0%	100.0%
6	山形県	83.3%	100.0%	83.3%	83.3%	100.0%	87.8%	100.0%	90.1%
7	福島県	100.0%	91.7%	100.0%	100.0%	100.0%	76.5%	100.0%	79.8%
8	茨城県	75.0%	97.0%	62.5%	62.5%	87.5%	70.8%	100.0%	63.2%
9	栃木県	100.0%	85.6%	83.3%	66.7%	58.3%	27.3%	100.0%	90.9%
10	群馬県	100.0%	99.4%	100.0%	100.0%	100.0%	80.3%	100.0%	86.0%
11	埼玉県	100.0%	97.9%	100.0%	100.0%	100.0%	74.5%	100.0%	62.1%
12	千葉県	90.9%	87.3%	81.8%	59.1%	95.5%	63.7%	100.0%	81.2%
13	東京都	85.0%	94.5%	85.0%	80.0%	65.0%	55.0%	85.7%	79.3%
14	神奈川県	89.4%	97.8%	61.7%	59.6%	97.9%	88.6%	100.0%	87.7%
15	新潟県	85.7%	95.2%	100.0%	85.7%	100.0%	55.8%	100.0%	98.6%
16	富山県	100.0%	94.7%	100.0%	100.0%	100.0%	43.6%	100.0%	57.7%
17	石川県	100.0%	100.0%	80.0%	80.0%	100.0%	100.0%	100.0%	88.3%
18	福井県	100.0%	85.9%	100.0%	100.0%	100.0%	33.3%	100.0%	100.0%
19	山梨県	100.0%	87.0%	66.7%	66.7%	33.3%	31.2%	100.0%	54.5%
20	長野県	100.0%	95.0%	45.0%	45.0%	95.0%	88.4%	100.0%	76.8%
21	岐阜県	100.0%	95.1%	100.0%	100.0%	100.0%	70.5%	100.0%	86.3%
22	静岡県	41.7%	99.6%	41.7%	41.7%	100.0%	90.8%	100.0%	73.7%
23	愛知県	100.0%	100.0%	98.7%	98.7%	100.0%	97.6%	100.0%	92.9%
24	三重県	87.5%	94.3%	87.5%	87.5%	100.0%	100.0%	85.7%	100.0%
25	滋賀県	100.0%	98.8%	84.6%	84.6%	100.0%	97.6%	100.0%	100.0%
26	京都府	71.4%	95.5%	71.4%	71.4%	85.7%	79.2%	100.0%	65.8%
27	大阪府	83.3%	96.5%	87.5%	83.3%	83.3%	87.0%	100.0%	84.1%
28	兵庫県	100.0%	99.1%	100.0%	100.0%	100.0%	92.5%	100.0%	82.8%
29	奈良県	100.0%	89.8%	100.0%	100.0%	100.0%	60.6%	100.0%	68.7%
30	和歌山県	100.0%	87.1%	100.0%	100.0%	100.0%	48.2%	100.0%	74.5%
31	鳥取県	80.0%	98.0%	60.0%	60.0%	60.0%	51.0%	75.0%	7.8%
32	島根県	100.0%	89.5%	100.0%	100.0%	100.0%	71.3%	100.0%	45.6%
33	岡山県	100.0%	91.9%	87.5%	87.5%	87.5%	84.8%	100.0%	89.9%
34	広島県	100.0%	100.0%	88.2%	88.2%	100.0%	98.1%	100.0%	77.4%
35	山口県	100.0%	95.2%	100.0%	100.0%	75.0%	85.7%	100.0%	70.2%
36	徳島県	100.0%	95.9%	100.0%	100.0%	100.0%	58.2%	-	86.4%
37	香川県	100.0%	98.3%	100.0%	100.0%	100.0%	96.7%	100.0%	100.0%
38	愛媛県	100.0%	97.5%	66.7%	66.7%	66.7%	52.0%	100.0%	53.6%
39	高知県	-	80.0%	-	-	-	45.2%	-	62.9%
40	福岡県	93.8%	95.6%	68.8%	68.8%	87.5%	82.3%	100.0%	94.3%
41	佐賀県	100.0%	100.0%	100.0%	100.0%	100.0%	95.2%	100.0%	90.4%
42	長崎県	100.0%	99.4%	100.0%	100.0%	100.0%	87.6%	100.0%	71.7%
43	熊本県	100.0%	100.0%	100.0%	100.0%	100.0%	100.0%	93.3%	74.0%
44	大分県	100.0%	82.0%	100.0%	100.0%	100.0%	93.9%	100.0%	100.0%
45	宮崎県	100.0%	88.0%	100.0%	100.0%	100.0%	43.5%	100.0%	18.5%
46	鹿児島県	100.0%	99.4%	92.9%	92.9%	100.0%	93.5%	100.0%	91.7%
47	沖縄県	93.3%	96.9%	90.0%	76.7%	93.3%	41.1%	94.7%	47.6%
	全国平均	**93.9%**	**92.5%**	**85.1%**	**82.3%**	**93.7%**	**73.9%**	**98.6%**	**77.8%**

（文部科学省調べ）

出所）文部科学省「令和元年度公立学校等における労働安全衛生管理体制等に関する調査」

市区町村立学校の労働基準監督を担うのは首長

公立学校の場合、こうした労働安全衛生体制が整っているかどうか、もっと言えば、**労働基準法や労働安全衛生法に違反するようなことが行われていないかというチェック、是正指導をする機関もほとんど機能していません。**

地方公務員の労働基準監督の役割を担うのは、基本的には、人事委員会で、人事委員会を置かない自治体の場合（都道府県と指定都市では人事委員会は必置ですが、それ以外は必置ではありません）は、その自治体の首長です（地方公務員法第58条5項）[*37]。人事委員会は、地方公務員の勤務時間、休暇、休日、安全衛生管理体制などを調査・監督することとなっています。

しかし、人事委員会には非常に少ない人員しかいない自治体が多いですし、どこまで労働基準監督の機能が発揮できているかは疑問です。

また、都道府県立学校の教職員は人事委員会の所管ですが、県費負担教職員（市区町村立小・中学校の教職員の多く）に対しては、その学校の所在する自治体の首長（市区町村長）が担当です。小規模自治体ならまだしも、学校数が数十ある自治体であれば、労働基準監督の機能を首長が果たすのは時間的にも無理がありますし、仮に教職員の労働環境や労働安全衛生に問題があっても、身内である教育委員

---

*37 ただし、土木職員、病院職員、保健所職員や公営企業職員、特別職の非常勤職員等は労働基準監督署が労働基準監督機関です。

会の責任問題、ひいては首長自身の問題ともなりかねないわけですから、首長が積極的に労基署のような役割を担うとは、あまり考えられません。

私立学校や国立附属学校に対しては、労基署の管轄となり、実際、労基署が指導に入ったり、是正勧告を行ったりしたために、労働環境が大きく見直されたという事例は数多くあります。

地方公務員制度全体の問題ではありますが、人事委員会を置かない地域の公立学校には、労基署のように調査能力と指導力を有する第三者機関がないために、**誰からもチェックされず、労働基準法や労働安全衛生法上の問題は放置**され続けてきました。そのことが教師の過労死等の温床となってきた側面は大きいのではないでしょうか。文科省や各教育委員会の行政計画などを見ると、「ＰＤＣＡサイクル」といった言葉は頻出ワードなのですが、労働安全衛生については、チェックすらほとんどないのですから、ＰＤＣＡはまったく機能していないのです。

〈５〉過ちに向き合わない、学習しない組織体質

お気の毒様で幕引き？　実態把握もない、検証もしない

学校と教育行政（教育委員会、文科省）、私立・国立学校の場合は法人等は、これまでの過労死等の教訓に向き合い、学んでいるでしょうか。

工藤義男さんが亡くなってから6年後、支部審査会で公務上災害と確定した翌月に横浜市教育委員会から教育長名で「過重労働による健康障害防止のための取組みについて（依頼）」と題された通知が市立学校に配布されました。そこには、こう記されていました。

「市立中学校教諭がくも膜下出血により死亡した件について、地方公務員災害補償基金（地公災）神奈川支部長から、改めて公務災害として認定する通知がありました。その理由として、『長時間に及ぶ時間外勤務や通常の範囲を超えた職務内容』と当該疾病の因果関係を認めたことが考えられます。」

「考えられます」など、まるで他人事のような文章です。市教委において調査を行うこともなければ、検証報告書のようなものが作成されることもありませんでした。もちろん、関係者の処分などもありません。誰も責任を取りませんし、誰もすぐ身近にあった死から教訓を引き出そうとしないのです。

教師の過労死等が起きても、お葬式で、あるいは入院先で、**「お気の毒様でした」ということで幕引きなのでしょうか**。実態把握も、検証もないままで。

同僚の死を悲しむよりも、学校を回すことを優先

公立学校では人事異動も頻繁にあります。教師の過労死等の教訓はおろか、その事実についてすら、引き継ぎ、語り継ぎはきちんと行われていない可能性があります。

筆者の一人（工藤）は最近ＳＮＳで「同僚の先生が過労死した」という投稿を2度ほど目にしました。

この真偽のほどはわかりませんが、それぞれの投稿には「先生が足りず、明日からの業務の負担が怖い」と呟かれ、それに対してその対応の大変さを嘆く多くのツイートが重ねられていました。しかし、亡くなられた先生の死を悼む投稿やなぜ過労死したのかなどの投稿は、ほぼ見当たりませんでした。

SNSだけではありません。私が相談を受けた事案の中でも、**日々の業務をこなすことに気を取られ、同僚の死の重大さに無関心のように見える職員室**もありました。

確かに、ここ数年、多くの学校現場は人が足りず、一人ひとりの先生に多くの業務負担がかかってしまっていることは事実です。前述のとおり、とりわけ小学校などではもともとの教員定数も少ない状況です。

しかし、職場の仲間が亡くなっている事実があるのに、死を悼む気持ちよりも先に、どうしよう、カバーが大変だということのほうが重く受け止められてしまうのだとしたら、どんな職場なのでしょうか。あなたなら、そんな職場で働きたい、安心して働けると感じるでしょうか。

また、そうした職場では異動があれば、悲しい事実からある意味、逃げることができます。そうこうするうちに、教師の過労死等は風化してしまうのではないかと思います。

命より大切なものはないはずです。同僚の死に向き合えないほど、余裕のない、しんどい職場であるなら、数日間、業務を止めてもいいとさえ、私たちは考えています。実際、2020年には新型コロナの影響で、2ヵ月も3ヵ月も休校が続きました。また、過労死等とは関係はありませんが、私立の軽井沢風越学園では、月に1日、児童生徒が登校しない日をつくっています（学童保育は行っています）。それは先生たちの研修日だからです。授業を進めることよりも、ときには授業を休んでも、教職員の学び合い、育成を進めることのほうが重要と考えているからです。

私（工藤）は先ほどの投稿を見て、公務災害認定に向けた申請を断念してきた多くのご遺族や、精神疾患で離職された先生たちのことを思い出しました。公務災害の手続きの中では、業務の過重性等を証明するため、校長や同僚の先生たちの協力が欠かせません。しかし、職場から迷惑がられてしまうようでは、ただでさえ、大切な人が亡くなった（または病気になった）遺族の心は、再び折られてしまうのです。

あらためて、命の重みを最優先に考え、声なき先生方の命と人生を尊重し、過労死等を二度と起こさないようにしなくてはならないと感じます。

失敗から学ぶ組織、学ばない組織

少し話題を変えましょう。

読者のみなさんにとって、安全性の高い乗り物と言えば、何が思い浮かぶでしょうか？

日本の新幹線も事故は非常に少ないですが（のぞみが約5分に一度発着していて、本当にすごいことだと思います）、飛行機もとても安全であることが知られています。「国際航空運送協会（ＩＡＴＡ）によれば、2013年には、3640万機の民間機が30億人の乗客を乗せて世界中の空を飛」びましたが、「そのうち亡くなったのは210人のみ」。「欧米で製造されたジェット機については、事故率はフライト100万回につき0・41回。単純換算すると約240万フライトに1回の割合」です。2014年は「IATA加盟の航空会社に絞れば、830万フライトに1回」という確率です[*38]。

ちなみに、自動車事故は非常に多いです。米国だけでも年間約3万1500人が死亡しています[*39]。日本の場合、交通事故死者数はもっと少なく、車の乗車中は1695人（自動二輪車、原付、自転車を含む）、歩行中は941人ですが（2021年中、令和4年交通安全白書）、飛行機事故と比べて多いのは事実です。

飛行機は、なぜ、これほど事故が少ないのでしょうか。技術革新の影響などさまざまなものがありますが、重要な要因のひとつが、失敗や小さなミスの教訓を活かしてきたことです。英国『タイムズ』紙などのコラムニストであるマシュー・サイドは、著書（前掲『失敗の科学』18頁）の中で次のように述べています。

「航空業界のアプローチは傑出している。航空機にはすべて、ほぼ破砕不可能な『ブラックボックス』がふたつ装備されている。ひとつは飛行データ（機体の動作に関するデータ）を記録し、もうひとつはコックピット内の音声を録音するものだ。事故があれば、このブラックボックスが回収され、データ分析によって原因が究明される。そして、二度と同じ失敗が起こらないよう速やかに対策がとられる。」

この本はたいへん参考になるのですが、対照的に、失敗から学ばない組織、業界として登場するのは、どこだと思いますか？

それは、医療、病院です。

「アメリカでは毎年４万４０００～９万８０００人が、回避可能な医療過誤によって死亡している」そうです（同書19～20頁）。もっと多いという推計もあります。英国の監査局の２００５年の発表によると、年間約３万４０００人の患者がヒューマンエラー（人的ミス）によって死亡しています（同書22頁）。すごく怖いデータですね。日本も医師の長時間労働が問題となっていますし、事故やミスは実はとても多いのかもしれません。

しかし、医療過誤というのは、病院側はそう簡単には認めないし、患者や遺族にも伝えられないため、飛行機事故と比べて表に出てきにくい性質をもっています。加えて、問題なのは、**何か事故やミスがあっても、それを航空業界のように共有して、対策に活かそうということがない**からだ、とマシュー（2

＊38　マシュー・サイド『失敗の科学』（ディスカヴァー・トゥエンティワン、２０１６年）18～19頁を参照。後述の医療事故についてのデータも同書からの引用です。

＊39　『交通事故の国際比較（ＩＲＴＡＤ）２０１６年版』。公共交通機関による事故も含んでいると思われますが、米国は自動車依存が高く、大半が自動車事故と考えられます。

０１６）は述べています。

この本は学校や教育については述べられていません。ですが、読者のみなさんはどう考えますか。学校は、失敗から学んで、再発防止策や人材育成に活かしている航空業界に近いのか、それとも、失敗を認めようとせず、失敗から学ぼうとしない医療の世界に近いか。

これまで述べてきたとおり、少なくとも教師の過労死等については、学校も教育行政等も学んできたとは言えない、と私たちは捉えています。

学校の働き方改革は進んだか

ここ数年のうちに、「働き方改革」という言葉は、学校でもよく知られるようになりました。文科省が大規模な調査（教員勤務実態調査）を行ったのが２０１６年。その結果をふまえて、中教審等で審議が行われ、緊急対策や勤務時間管理等を求めた文科省通知が各教育委員会に出されたのが２０１８年。同年にはスポーツ庁と文化庁で部活動のガイドラインができました。翌２０１９年1月には、働き方改革について中教審の答申が出され、文科省は「公立学校の教師の勤務時間の上限に関するガイドライン」を定めました（後に指針に格上げ）。

こうした一連の動きには不十分な点や課題もありましたが、それ以前の数十年間は進まなかったことが一気に進んだ数年でもありました。国の取り組みだけでなく、教育委員会や学校でも、程度の差はあれ、働き方改革や業務改善について、一定の動きは進みました。たとえば、学校行事の見直し、部活動の休養日の設定、時間外の留守番電話の導入などです。

各教育委員会が集計した時間外の在校等時間（≒残業時間）の状況を文科省が集めたところ、ここ3、4年で月45時間以内が増えるなど、一定の前進が見られます（図表3－13は公立小学校の状況）。

ただし、このデータは、グラフ下の注記のとおり、年度ごとに回答している教育委員会の数が大きく異なりますし（3、4年前はタイムカード等を導入していない教委も多くありました）、各自治体のデータを足し上げた上で回答した教育委員会数で割った数字を示していますから、かなりラフな推計値、参考値である

図表3－13　時間外勤務の状況（公立小学校）

【問】域内の学校における教職員のうち、「在校等時間」等の総時間から所定の勤務時間の総時間を減じた時間

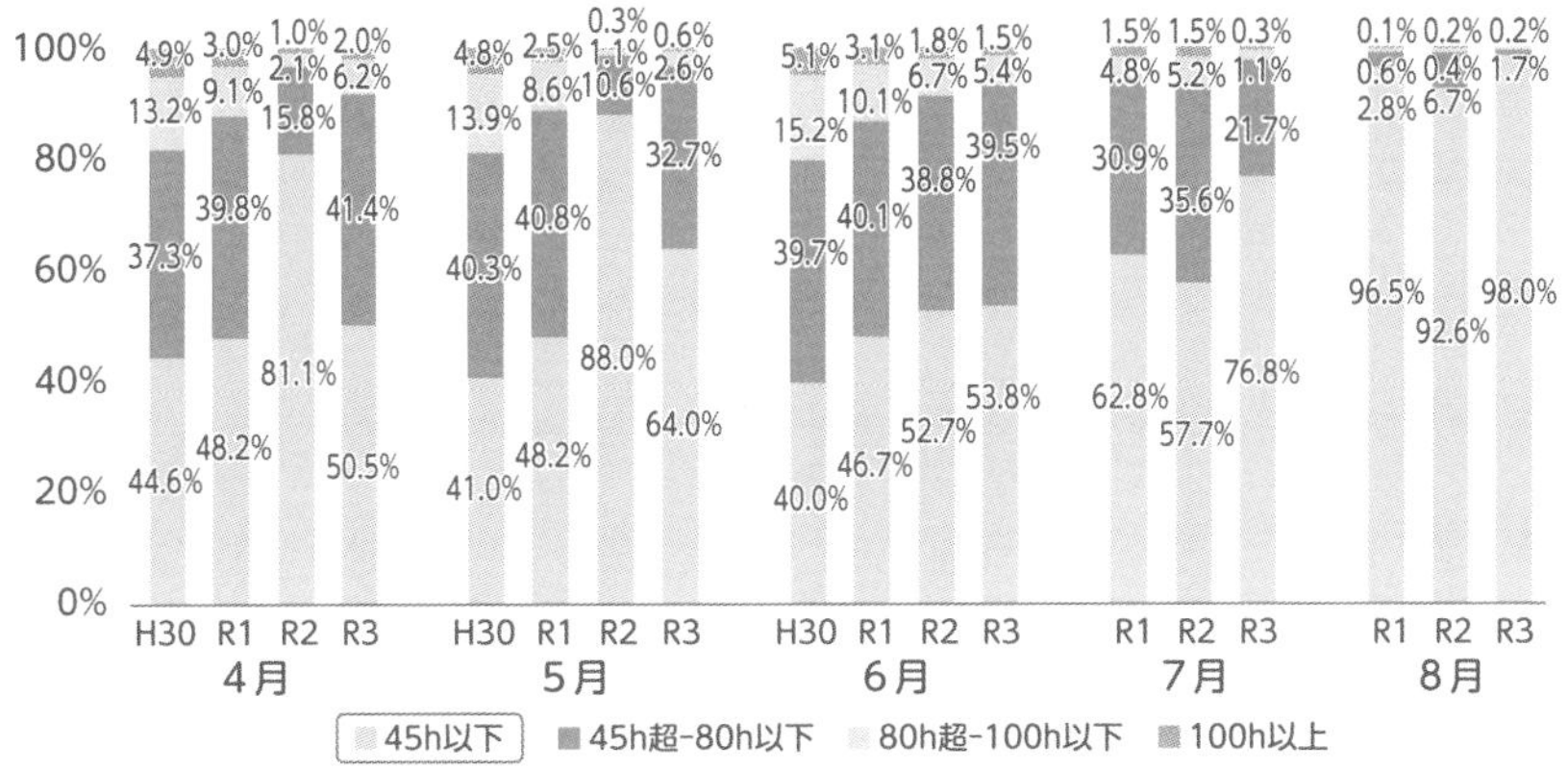

※回答した教育委員会における各時間帯の人数割合をそれぞれ算出し、それを足し上げた上で、回答教育委員会数で割ったもの

※集計方法や対象とする時間・職員等は各教育委員会によって異なり、調査年度に詳細な勤務実態を把握できていた教育委員会のみのデータであるため、あくまでも参考値として整理

※ H30.4はn=621、R1.4はn=915、R2.4はn=1262、R3.4はn=1441、H30.5はn=646、R1.5はn=937、R2.5はn=1264、R3.5はn=1444、H30.6はn=716、R1.6はn=1006、R2.6はn= 1314、R3.6はn=1463、R1.7はn= 1018、R2.7はn=1301、R3.7はn=1428、R1.8はn=963、R2.8はn=1236、R3.8はn=1345

※ H30については、4月～6月の数値のみ調査を実施。

出所）文部科学省「令和３年度教育委員会における学校の働き方改革のための取組状況調査」

ことには注意が必要です。

データ上の制約もあって、文科省は2022年に大規模な調査（教員勤務実態調査）を改めて行い、その結果をふまえて、働き方改革等に関する施策を再度検討する旨を、国会や記者会見などで答弁しています。

しかし、2016年に実態調査をしたときも、データが公表されるまでに約半年かかり、そのあと中教審等で審議し、その後で政策になるという流れなので、仮に大きな制度改革や予算措置が実現したとしても、2025年前後以降となる可能性があります。**それまで学校現場、先生たちはもつでしょうか？**

長時間労働の「見えない化」

しかも、**教育委員会や文科省が把握している在校等時間の中には、過少申告されたものも含まれている可能性が高い**、という問題が広がっています。

筆者の一人（妹尾）は、2020年に、ある小学校の教頭先生からこんなメッセージをもらいました（文意を変えない範囲で一部修正）。

> 私の残業時間は、優に月80時間を超えています。ただ80時間を超えると教育委員会からの指導が入ったり面倒な文書提出もあるので、入退校のパソコン打ち込みを「工夫・調整」して表向き80時間を超えないようにしています…。持ち帰り仕事や、休日出勤も多々あり、100時間は軽く超えていると思います…。

ＮＨＫの「クローズアップ現代」（２０２２年４月27日放送）では、教員の過重労働が特集されていましたが、そのなかで、ある公立小学校の教頭が教育委員会に提出する在校等時間を改ざんしているという事実を報じていました。「実際は22時８分まで勤務していたんだけれども、そこまでいくとまずいので、このように17時８分というような状況で改ざん。こうせざるを得ない現状が現場にある」とは、この教頭の言葉です。

ここまでひどい例は稀かもしれませんが、こうした状況では、働き方改革が進んだ、とはとうてい言えません。見かけ上の残業が減ったように見えているだけで、**実際は「残業の見えない化」、「問題の見えない化」が進行しているの**ですから。

内田良教授（名古屋大学）が２０２１年11月に調査したところ、公立小学校教員の15・９％、公立中学校教員の17・２％が「この２年ほどの間に、書類上の勤務時間数を少なく書き換えるように、求められたことがある」と回答しています（回答数、小学校教員４６６人、中学校教員４５８人、「学校の業務に関する調査」調査報告　第１報、２０２２年４月29日）。

また、熊本県教職員組合が２０２１年に実施したアンケート調査（２１７０人が回答）によると、勤務時間（在校等時間）を小学校教員の約39％、中学校教員の約47％が「正確に記録していない」と回答しています（質問は「時間記録後に残業したり、休日に学校で仕事をするときに記録をしなかったり、部活時間を記録しなかったりすることはありますか？」）。岐阜県教職員組合が２０２０年12月～21年１

月に実施したアンケート調査（３９６人が回答）でも、小学校教員の25・０％、中学校教員の20・０％、高校教員の40・４％、特別支援学校教員の20・４％が時間外在校等時間を「あまり正確に申告していない」「ほとんど正確に申告していない」と回答しています。

先ほど、『失敗の科学』という本を紹介しましたが、学習し続ける航空業界の特色について、重要な指摘があります（41～42頁）。

「学習の原動力になるのは事故だけではない。『小さなミス』も同様だ。パイロットはニアミスを起こすと報告書を提出するが、10日以内に提出すれば処罰されない決まりになっている。また、現在航空機の多くには、設定した高度などを逸脱すると自動的にエラーレポートを送信するデータシステムが装備されている。データからは、操縦士が特定されない仕組みだ。」

いじめ問題などでもよく現れていますが、学校や教育行政はともすれば、目の前の問題や不都合な事実を隠そうとするときがあります。勤務実態をつまびらかにしようとしないことにも同じ問題の根を感じます。

学校、教育行政、そして社会の私たちは、教師の過労死等に向き合い、そこから学んでいると言えるでしょうか。

第3章のまとめ

☑ 教師の過労死等はあとを絶たない。20年前、30年前と非常によく似たことが最近でも何件も起きている。

☑ なぜ、過労死等が繰り返されるのか。人手が少ないなか業務量が多いこと、職場での労働安全衛生や同僚間のサポートが機能していないことなどが背景にあるが、それらの深層に注目する必要がある。

☑ 本書では五つの要因に注目している。

〈1〉実現手段を考慮しない教育政策

・勤務時間中に授業準備もままならないほど、もともと長時間労働を前提としているかのような教職員配置の制度・政策である。

〈2〉〝子どものため〟という自縄自縛

・児童生徒のためになると教職員が思うあまりに、業務量が増え、減らすことができていない側面もある。

〈3〉集団無責任体制、組織マネジメントの欠如

・教育活動の維持・充実のための働き方改革という認識ならば、いつまでも多忙は解消しない。

・過労死等が起きても、教育委員会等において調査・検証されることもなければ、誰も責任を取ることもない。

〈4〉チェックと是正指導の機能不全

・安全配慮義務のある校長に、その認識と組織マネジメント力が欠けているケースもある。

・公立学校教員は基本的には労基署の管轄外。人事委員会もしくは首長が、学校の労働安全衛生をチェック、指導できるとは考えにくい。

〈5〉過ちに向き合わない、学習しない組織体質

・過労死等の事案を多くの教育関係者は知らず、学ぼうともしていない。

・働き方改革のかけ声は盛んかもしれないが、在校等時間の過少申告なども横行しており、むしろ問題の実態が見えなくなっている。

問い

問3−1　教師の過労死等が繰り返し起こることの背景、理由として、本書では五点に整理しました。あなたはどう考えますか。五つのうち、これが一番影響として大きい、ほかの要因としてこういう点が重要だ、などの意見、観点を出してみてください。

問3−2　過労死等は防止するのが一番ですが、過労死等の可能性がある事案が発生した場合、調査・検証していくことが重要である、と本書は述べました。調査検証報告書の項目（検証ポイント）として、どのようなことが重要だと思いますか。

コラム③　相談内容から考える、過労死防止策（工藤）

私の元には、いろいろな相談がお電話やSNS、ご紹介などを通して寄せられます。

長時間労働、業務量の多さについてはもう当たり前のことになってしまいました。

その中で今増えているのが、時短ハラスメントのご相談、新人や若い先生方からの、支援が得られないというご相談などです。

ご相談は外に出すものではなく、限りなく個人的なものでもありますので詳細は避けますが、いくつかの内容についてお話ししたいと思います。

【家族の働き方を心配するご相談】

3年ほど前、私の新聞記事を読まれた方から、「役職に就いている夫の長時間労働と責任の重さが工藤の例と類似しており、その働き方と健康が心配」とのご相談がありました。

この10年ほどに寄せられた中で、一番多く、内容も変わらないご相談です。

我が家と同じく、夫は早朝から夜遅くまで仕事をしていて、しんどくて仕方がない、食欲がない、寝られないと言っているそうですが、病院にいくように言っても学校を休むように言っても、「それはできない」「自分がやらないと他にやる人がいない」と言って聞いてくれず、心配でどうしたらよいかと涙ながらのご相談でした。

我が家と同じで、また多くの方が同じような状態になっていることもわかります。

上司に相談してもがんばってほしいと言われるだけで、相談するにも絶対に教育委員会などには知られたくない、田舎の学校でもあるので、地域にも知られたくない、組合にも相談できないと仰っていました。

相談窓口として、共済の窓口や病院への受診をご紹介して、できたら我が家の事案の新聞をご主人にも読んでいただき、私と話した内容を伝えてほしい、とお話をしました。

後日、自分が倒れたら家族が一番悲しむということを理解したご本人が自ら病院に行き、医師との相談のもと休職されたとお電話をいただきました。

相談者の方は「まずはホッとしました、でも復職後が心配です」とも話されていました。

復職の相談なども学校や教育委員会とゆっくりとお話しするとして、まずは心身ともにゆっくりされ、ご家族やご自分のことを一番に考えることなどについてもお話ししました。

その先生が、ご自分とご家庭に思いをはせ、受診して休職というところまで決心されたことは、私も本当に安心しました。

実はそれができず、倒れて休職、離職となったり、我が家のように過労死等の事態になったりしてしまうことが一番多いのではないかと、経験上思っています。

休む勇気、立ち止まる勇気、休むことに勇気がいる世の中は悲しいことです。

あんなに頼りにされ、仕事をこなしていた夫が過労死をしても悲しいけれど、学校は潰れずに回っています。でも、我が家にはお父さんは二度と戻ってきません。

今一度、立ち止まって考えていただきたいと思います。

【離職した新任の先生からの手紙】

2年ほど前に、新任の先生から離職後にお手紙をいただきました。重度のうつ病で引きこもりとなり、自分の思いを聞いてほしい、ただ苦しいので一度だけお手紙を出します、お返事もいらないし、何かしてほしいということでもなく、一度だけ聞いてください、というものでした。

ずっと先生になりたくて、採用試験に受かり着任したものの、かなりの困難学級だったようでした。また、特定の保護者のクレームがきつく、その対応に苦慮していたようですが、管理職からは、とにかく保護者に謝るようにといつも言われていたそうです。

保護者対応だけでなく、いろいろな面で支援が得られず混乱していたところ、管理職から「先生に向いていないからやめた方がよい」と言われるようになったそうです。

結局、重度のうつ病となり3学期に離職したとのことです。

離職してから1年ほど経ってのお手紙でしたが、今は外に出ることも他の職につくこともできず、苦しみの中でのお手紙でした。

もちろん、このお手紙がどこまで真実なのかはわかりません。

ただ、先生になりたかった新任の先生がここまで追い込まれていた事実があります。

その方のご住所、勤務先の学校名も書いてあったので、実在されている方であることもわかりました。

お返事を書きましたが、返信が来ることはありませんでした。

今もたいへん心配ですが、心療内科に通われているとのことなので、とにかく心身のご回復を願うばかりです。

このお話が真実であるならば、公務災害申請をしてもよい事案です。ただ、パワハラの場合、その真実を確かめることはたいへん難しく、公務上と認められることも困難です。

ここには書きませんでしたが、ここ2年ほどでも、公務災害申請もできずに過労死をされた方のご家族からのご相談もいくつかあります。

本書では、巻末に相談窓口を載せていますので、もしどうしたらよいかと悩まれている方やご家族、同僚のことで心配な方は、ぜひ、まだ心身ともに健康な時にご相談してみてください。

第4章

いま、何が必要か
——識者との意見交換を通じて

◆松丸　正（弁護士）

◆高橋正也（過労死等防止調査研究センター長）

吉川　徹（過労死等防止調査研究センター統括研究員）

◆大石　智（北里大学医学部講師）

過労死事案から考える、過労死等防止への対策

松丸 正（弁護士）

教師の過労死等についての数多くの訴訟や公務災害認定手続きに関わっておられる弁護士の松丸正先生に、これまでの事案からの教訓等についてお話をうかがいました。

勤務時間の正確な把握が最重要

松丸：私は還暦を迎えてから、過労死事件、過労自殺事件以外はもう一切やらないと決めて、主に地方の事件に関わっています。

過労死・過労自殺が起きる背景は、勤務時間の適正把握が怠られているということにほぼ尽きます。勤務実態が把握されていれば、今の企業等ではコンプライアンスの機能が働きます。逆に、そこが把握されていないと、コンプライアンスがいくらしっかりした網を作っても全部外れてしまいます。

教員の場合はコンプライアンスがない状態ですから、なおさらです。ガイドラインが指針になって[*1]、ようやく勤務時間の把握の法的な根拠は得られましたが。

妹尾：しかも、その指針も労働基準法（以下、労基法）との関係では二重基準と言いますか、二枚舌という側面もありますしね。

松丸：学校現場が指針でどれだけ変わるかというのは疑問です。持ち帰り残業は「あってはならないもの」なので把握する必要がないということになっています。でも、実際はあるんだから、しっかり把握しないと。

さらに、給特法[*2]では超勤4項目以外の時間外勤務は全部自主的・自発的なものなので、服務監督する教育委員会にも責任がないし、その代理を

している校長にも責任がない、という形になってしまっている。勤務時間ではあるけれど、労働時間ではないという制度となっています。

責任を問うことが改善のきっかけになる

松丸：教師の勤務時間の問題は、給特法からすべて始まっているので、そこを変えられないとその先が動かないんです。でも、その中で教師の過労死等の問題を動かすためには、「責任問題」というのが重要だと思います。過労死等が出ても、今までは誰も責任を問われることがなかった。それがようやく、福井地裁の判決[*3]で、校長の安全配慮義務違反が認定されました。

妹尾：嶋田友生先生の事件ですね。

松丸：あの判決は一審で終わっていますが、この事件でも富山県滑川市の中学校の、部活動の負担が重かった先生の過労死[*4]でも、公務災害認定がされました。長時間労働について管理すべき立場なのは、服務監督権限のある滑川市教育委員会とその下での校長なので、その責任が滑川市と県にあるとして損害賠償請求しています。

妹尾：日本の制度は分権化されていてややこしいですが、服務監督権者は学校の設置者なので、たとえば福井県の事案でいうと、若狭町教委ということになります。ただ、県費負担教職員の任命権者であり給与負担をしているのは県なので、損害賠償の場合は両者が責任をもつことになるんでし

松丸 正
（まつまる・ただし）
弁護士、過労死弁護団
全国連絡会議代表幹事

1969年東京大学経済学部卒業、1973年大阪弁護士会登録。過労死という言葉のなかった1980年代からこの問題に取り組み、現在は各地の過労死・過労自殺事件のみを担当している。教員の過労死事件については、生徒のために尽くした熱血先生との美談に終わらせることのないよう、公務災害認定とともに、その責任を明らかにするための損害賠償請求の訴訟にも取り組んでいる。

ょうか。

松丸：国家賠償法3条で、給与等の「費用を負担する者もまた、その損害を賠償する責に任ずる」となっていますので、県も、服務監督権限のある若狭町も支払うことになります。しかし、賠償金を払ってそれで解決してしまうんですよね。

民間企業では、労災の認定が出たら、労働時間管理がされていなかったことの責任があるとして時間管理の見直しが進みます。一方、公立学校の場合だと、超勤4項目以外は自主的・自発的勤務とみなされて、指揮命令下の労働時間ではないという考えになっているため、なかなか責任追及が難しいと思われてきました。

でも、よく考えてみれば、長時間労働があれば心身の健康を損ねるなどの被害が出てくるわけで、民間企業であろうと、私立の学校であろうと、国立の附属学校であろうと、それはみんな一緒のはずなのに、なんで公立学校だけは違うんだということになります。公立学校であっても、管理職には健康管理等の責任がちゃんとあるんだということをはっきりさせて、しっかり是正しないと、管理者、あるいは教員自身の意識が生まれてきません。

民間企業での過労死の問題については、労災の認定よりも2000年の電通の過労自殺の最高裁判決[*5]がものすごく大きな転換点になりました。前年の1999年に、今の精神疾患・自殺の認定基準[*6]の前身である判断指針[*7]というものができ、また2001年には過労死の脳・心臓疾患について6ヵ月間の長時間労働を評価するという認定基準[*8]もできました。この電通判決前後の時期は、過労死問題のものすごく大きなエポックメイキング的な時期なんです。

責任問題が明らかになることで、コンプライアンスのシステムをつくったり、過労死を防止するためにどうしたらいいのかについて現場での本格的な議論を始めたりすることが大切です。福井や富山の判決、それから大阪の適応障害となった府立高校の現職の教員の裁判で、大阪地裁は2022年6月28日、原告の主張をほぼ全面的に認め、校長に安全配慮義務違反を認める判決が出されましたが[*9]、そういった事件が今後どう動いていくかというのはすごく大事なんです。

妹尾：給特法上の制約はありますが、今の法制度の中で考えると、福井の裁判のように、安全配慮義務違反が、校長等の責任を問う上では大きいでしょうか？

松丸：そうですね、安全配慮義務違反、あるいは国家賠償法上の責任を問うことが考えられます。でも、事案発生から5年が経過してしまうと、国家賠償法上の責任は時効になるんです。

安全配慮義務というのは民法上の責任ですか

＊1　在校等時間の超過勤務の上限（月45時間、年360時間）等を規定した「公立学校の教師の勤務時間の上限に関するガイドライン」（2019年1月25日）が、給特法の一部改正により、法的根拠をもつ「公立学校の教育職員の業務量の適切な管理その他教育職員の服務を監督する教育委員会が教育職員の健康及び福祉の確保を図るために講ずべき措置に関する指針」として格上げされました（2020年1月17日）。

＊2　公立の義務教育諸学校等の教育職員の給与等に関する特別措置法

＊3　2014年、福井県若狭町立中学校の新任教諭、嶋田友生さん（27歳）が自殺した事案について、校長が過重な勤務を軽減するなどの措置を取らなかったためだとして、県と町に約6500万円の賠償命令が出されました（福井地裁令和元年7月10日判決）。詳細は本書32頁。

＊4　詳細は本書88頁参照。

＊5　1991年の電通の男性会社員（24歳）の過労による自殺について、企業の安全配慮義務違反を初めて認定しました（最高裁平成12年3月24日判決）。

＊6　心理的負荷による精神障害の認定基準（2011年12月）

＊7　心理的負荷による精神障害等に係る業務上外の判断指針（1999年9月）

＊8　脳血管疾患及び虚血性心疾患等（負傷に起因するものを除く。）の認定基準（2001年12月改正）

＊9　詳細は本書139頁。

ら、民法415条の債務不履行責任で、時効は10年です。使用者として、労働者の心身の健康を損なうことのないように注意すべき義務を指します。その一環としての安全配慮義務違反で、債務不履行請求というのがひとつの方法です。安全配慮義務となると、服務監督権のある市しか被告にできません。

公務災害が認められるまでに時間がかかる理由

松丸：そこで一番大きな問題になるのは、やはり給特法です。自主的・自発的勤務だから、校長なり教育委員会なりの指揮命令下にあって行われている行為ではない。それが、福井の事件では自主的な面もあるけれども、余儀なくされている勤務でもあると捉えられたわけです。民間であれば当たり前の話なんですが。

教員で判決までに至った事件では、だいたい10年から15年後にようやく公務災害が認められるんです。小さかったお子さんが、大きくなった頃にようやく認められるということもあるように、ものすごく時間がかかるんですよね。支部でだめ、支部審査会でだめ、本部審査会でだめ、そして裁判になって一審でだめ、高裁でようやくといったケースもあります。熊本の天草の事件[*10]も高裁の判決まで9年になりましたが、被災された方はずっと寝たきりで、文字盤でようやく会話ができる状態でした。

なぜ時間がかかるのかというと、労働時間の適正把握がされていないから、労働時間がわからないんです。今の地方公務員災害補償基金のシステムだと、所属長が調査をして、ここは時間外勤務をしていましたよね、と認定をしていきます。ですから所属長が把握していなかった時間を時間外勤務ではない、としてしまうと、これを反証するのは大変なんです。勤務時間の実態把握がされていないことが本当の問題なのに……。

持ち帰り残業の時間の把握が必要

妹尾：そうすると、今、在校等時間をタイムカードなどで把握する自治体、学校が増えたことで、公務災害認定も今まではよりはされやすくなると考えていいんでしょうか？

松丸：そうですね。ただ問題なのは、教員の過労死・過労自殺の背景に、部活動と持ち帰り残業があるということです。持ち帰り残業は把握できていません。

天草の事件では、福岡高裁の判決が２０２０年９月25日にようやく出ましたが、被災された方の発症前一ヵ月間の時間外在校時間は52時間、持ち帰り残業は41時間で、あわせて93時間でした。認定基準が発症前一ヵ月で１００時間なのですが、それに匹敵する過重性があるということで判決では認められました。認定基準に達しないけれど認定したという意味で大事な判決です。そしてこの裁判では、持ち帰り残業は自主的・自発的な面もあるかもしれないけれど余儀なくされている側面もあるということで、労働時間として認められています。ですから各教育委員会は、持ち帰り残業についても把握に努めるためのなんらかの方法を考えるべきだと思いますね。

妹尾：指針では、自治体が認めたテレワークは入れることになっています。持ち帰りを無制限にして情報流出等の問題が出てきてもいけないので、セキュアーな環境でやってくださいということですね。ガイドラインを検討していた頃は新型コロナのことはもちろん想定していなかったですが、ご存じのとおり、コロナ後は教員も在宅勤務をするようになりました。まだ一部の自治体にとどまっていますが、セキュリティ対策をした上で、クラウド上で仕事ができるようになると、持ち帰り

＊10　２０１１年、熊本県天草市立小学校の教諭（当時44歳）が脳出血により倒れ、障害を負いました。２０２０年、福岡高裁は公務災害として認めました（令和2年9月25日判決）。詳細は本書98頁。

がテレワークとして把握されやすくなります。

松丸：教師の過労死の背景の中心は部活動と持ち帰り。そこを抜きにして変えていくことはできませんから、指針でもそのような形で持ち帰りに言及しているのでしょう。文科省ももっと教員の過労死等の判決を分析すべきだと思いますね。どういうところから過労死等が生まれてくるのか。

妹尾：教師の過労死等の事件、あるいはその疑いがある事案を見ていると、先生方には本当にいろんなものが積み重なっています。松丸先生がおっしゃった部活動、それから自宅まで持ち帰る授業準備などに加えて、校務分掌もあるし、担任としての業務もあります。

松丸：よく言われている無限定性の問題です。教育というのは、やってもやっても尽きることのない仕事になってしまいがちです。日本の教育がそうした教師に支えられてきたというのは、中教審の答申でわかっているはずなんですけどね。

症状が出ても休めない

妹尾：松丸先生が担当された堺の前田大仁先生の事案[*11]は、あれほど若い先生が亡くなったというのが本当に気の毒で。

松丸：若い先生は心疾患が多いですね。

妹尾：本人としては、自分の体の異変に気づきにくいものなんでしょうか。

松丸：事件をみると、警告症状のようなものが現れているケースが多いですね。くも膜下出血だったら、頭痛や吐気がするとか。

妹尾：そういう予兆があったとしても、若いから大丈夫だろうとか、児童生徒たちが待っているからがんばろうとしてしまうところもありますよね。病院に行かなかったり。

松丸：富山県滑川市の事件でも、くも膜下出血で頭痛があったんですよね。

工藤：私はよく大学生に授業でそのことを質問されます。夫もくも膜下出血で倒れたんですが、その前に頭痛もありました。富山の先生も、うちの夫もそうでしたが、修学旅行が終わったら夏休みだし、それまでがんばろう、と言っていて、休む前に亡くなるという事案がけっこう多いんです。本人は、意識としては「休みたい」というのがあって、私も何度も止めたんですけど、まさかそれが死につながるとは思わないので。でも行事があって、結局休めないままという……。

妹尾：休みたくても誰も代わってくれないと思ってしまうし、実際少ない人数で回している学校もありますからね。

実態把握をしなければ、過労死は防げない

松丸：教育委員会の職員も、過労死が多いです。学校の先生が教育委員会に異動になることもありますよね。学校の勤務時間意識のなさがそこに反映されてしまう。

妹尾：市役所の財務課と教育委員会はいつまでも電気がついている、とよく聞きます。先生が忙しいのは有名になったけれど、教育委員会が忙しいというのはほとんど一般には知られていません。ですから、僕は以前、教育委員会以外の部署も含めて、市役所の課別の時間外勤務のデータを出してほしいと依頼したことがあります。多くの人に実態を知ってもらうために、僕も記事に書くからと言って。でも、残業代は予算上限もあって過少申告になっているから、残業時間の実態を全然反映していないと言われてしまいました。

松丸：市役所の職員の労働時間の把握もめちゃくちゃですよね。カードで出退勤するからちゃんとデータはあるんですよ。でも、勤務時間は自己申告だから、実際は月に120時間以上の時間外労働なのに、申告は22時間ということもありますよ

*11　2011年、大阪府堺市立中学校教諭、前田大仁さん（26歳）が、虚血性心疾患で亡くなりました。2014年、地方公務員災害補償基金は、公務上の過労死として認定しました。詳細は本書20頁。

ね。過労死防止にはただ一言、勤務時間の適正把握が必要。すべての議論の前提がそこですよね。

工藤：過労死等防止対策白書などは、分析まではできているんですが、まだその先がないんですよね。

松丸：分析するだけなんですよね。本来は、分析した結果として、過労死等防止のためにどういうことを対策として取らなければいけないのかを考えなければなりません。私の考えではっきりしているのは、管理者による労働時間の把握、さらに持ち帰り残業の実態も含めた実態把握が必要ということです。その結果、一定の限度を超えたときには、労働安全衛生法上の面接義務があるわけですから、それで状況を把握していく。それでも漏れるケースはあると思いますが、労働時間の適正把握が重要であることを、私は20年前からずっと言っています。労働基準監督官へのアンケート調査でも、過労死を防止するには何が必要かというと、まず労働時間の適正把握と言っています。

どこが対策をとるべきか

妹尾：工藤さんがおっしゃっていたように、教員の過労死問題は、文科省と総務省と厚労省の三つの境界領域ですよね。もちろん学校を所管している文科省が一番中心だと思いますが、公務災害や地方公務員制度は総務省マターですし、過労死という健康保持や労働問題という点では厚労省の所管でもあります。そのあたりのもどかしさ、問題もお感じになられますか。

松丸：そうですね。どこが対策を取るべきか。地公災の定款の中に、「公務災害の防止に努める」という目標がちゃんと載っているんですよ。その監督官庁は総務省。厚労省はある意味で過労死等の防止の中心にいるのですが、それに地公災はくっついていくだけなんですよね。地公災独自での過労死防止策は具体的に出されていません。

総務省も分析するだけで、要因を考えられていない。それは厚労省も同じようなものです。本来であれば、実態としての労働時間と、申告していた労働時間と、労基署の認定した労働時間の三つを並べた表を作って、何が原因なのか、それだけの長時間労働の実態がなぜ放置されていたのかなどが、どの事件でも共有されるべきですよね。

妹尾：最近は私立学校にだいぶ労基署が入っていて、勤務時間を把握していないとか、36協定がないままでやっているなどと指導しています。私立学校にとっては生徒募集の評判にも関わることなので、不十分な点はあるにしても、基本的なところはだいぶ進みつつある学校もあります。

一方で公立学校の教員の場合、労働基準監督は人事委員会もしくは首長の仕事という制度ですが、たいして動きません。東京都の人事委員会でさえ、委員も事務局職員数もすごく少ない[*12]。そこのあたりの制度的な不十分さや人員の不十分さ、査察する人たちがいない問題にも目を向けていく必要があります。

それに、市区町村立学校については、服務監督権者は自分たちではないから都道府県教委も遠慮ぎみですよね。誰も責任を取ろうとしていない。チェックの機能も弱いと僕は思います。

松丸：労働基準監督官は労基法違反等について司法警察員の権限があります。その権限で臨検することもできるし、極端に言えば逮捕することもできます。捜査したうえで検察庁に送検できる。でも地方公務員の場合は、明らかに未払い賃金があっても、人事委員会、公平委員会に措置要求ができるだけです。それで勧告権しかありません。勧告に応じるかどうかは知事や市長によります。何も強制権がありませんから。そういう意味では、事実上、監督機関がないのです。しかも罰則規定もないんですよね。

＊12　東京都人事委員会の「令和3年度事業概要」によると、職員の勤務条件の報告、勧告等を担当する任用給与課の職員数は13人で、この課は職員の人事評価、研修に関する勧告など他の業務も担っています。

県や市といった自治体も含めて、教員の勤務時間に対する監督権がない。うちは労働基準監督署とは違うんだ、と主張している。職員がぱっと相談できる部署がないですよね。だからつぶされちゃうんですよね。公務監督署みたいなものが必要です。

工藤：私の夫が亡くなったときは、教育委員会から「こういう事例があったけれど、過労死等だと思われます」という文書が教育長名で出されました。教育長も責任をもっていないんだなというところがすごくショックでした。やっぱり第三者の監督機関というのはできないんでしょうか。文科省の相談窓口[*13]はできましたが。

妹尾：文科省のホームページには、まず教育委員会に相談してから文科省の相談窓口に連絡するようにと書かれていますが、そうなると相談しにくいですよね。

工藤：そうなんです。教育委員会には相談したくない人も多いので、結局、先生方はメンタル的にも業務的にも孤立してしまいます。厚労省管轄の相談機関は山ほどあるのですが、公立学校の教員向けのものはないんですよ。

妹尾：世の中に発信すべきことが山ほどありますね。

工藤：ほんとうに。先日、高橋まつりさんのお母さんと話していて、電通でも２０００年の自死があり、２０１５年にまつりさんの事件があり、そのあとも是正勧告などで送検されたりして、企業名もホームページに載っているのに、また同じことの繰り返しで。反省がないからこんなにどんどん自死が起こるんだ、とおっしゃっていました。本当にそのとおりだなと思います。

松丸：高橋まつりさんの事件でも、労働時間を適正把握していないということがわかります。それに教員の場合、一生懸命やっているよね、熱血先生だよね、という感じで、勤務の実態が見えてこない。そこの発想の転換がどこまでできるかですよね。今はすごく大事な時期です。今、学校はものすごく民間から立ち遅れているけれども、逆に今ここでしっかりと取り組めば、民間以上のことが現場でできるのではないかと思うんです。子どもたちが高いレベルの教育水準を得られる教育を持続可能にするためにも不可欠な課題ですね。

＊13　文部科学省に「公立学校の教育職員の業務量の適切な管理及び『休日のまとめ取り』のための1年単位の変形労働時間制等における不適切な運用に関する相談窓口」が開設されています。

過労死リスクの高い教師の働き方をどう変えるか

高橋　正也（独立行政法人労働者健康安全機構労働安全衛生総合研究所　過労死等防止調査研究センター長）
吉川　徹（同センター統括研究員）

過労死等防止の観点から、教職員の働き方をどう変えていくことができるか、労働安全衛生総合研究所・過労死等防止調査研究センターで、地方公務員の過労死等の公務災害認定事案や民間従業員の過労死等事案の分析や研究等に関わっておられる高橋正也先生・吉川徹先生にお話をうかがいました。

睡眠時間が短いことによる影響

工藤：平均６時間弱という教師の睡眠時間[*1]が、心身の健康はもちろん、学校業務や子どもたちに与える影響として、どのようなことが考えられるでしょうか。

高橋：日本は特にそうですが、眠ることを大事にしません。眠るのは無駄、のようなとんでもない意見もあります。欧米などは真逆で、大人は最低でも７時間寝ることを勧めています。しかし日本だと７時間以上寝ている人は平均で２割くらいしかいません。

睡眠が短いと攻撃的になったり、ちょっとしたことでも怒りっぽくなったりして、心が不安定になります。ですから、睡眠不足は、教師自身の健康だけではなく、子どもたちや同僚の先生にも影響します。

吉川：私は医師の研究者として、過労死等の問題に携わっています。睡眠不足の影響では、自覚症状のないままにミスが増えることが知られています[*2]。有名なある実験では、睡眠制限の日数が増えていくと、睡眠時間が短ければ短いほど反応が遅くなります。医師を対象とした研究でも、睡眠が短くなるとミスも増えるし、生産性も落ちるということははっきりしています。医学研究でわかっている知見をしっかりと現場にフィードバックしていく制度設計にしていくことは重要です。

先ほど、高橋センター長が言われたように、イライラするなどの感情の変化は、教育を行っている人にとっては極めて深刻な問題です。深刻な睡眠不足が、対人・教育・思考に与えている影響が自覚されていない。教育の場で、この睡眠の問題があまり取り上げられていないという課題があるのではないでしょうか。

睡眠不足の生産性への影響

妹尾：高橋先生の講演資料[*3]の中で、睡眠不足の影響について、生産性にもよくないということを

高橋 正也
（たかはし・まさや）
独立行政法人労働者健康安全機構労働安全衛生総合研究所　過労死等防止調査研究センター長

1990年東京学芸大学教育学部卒業。同年労働省産業医学総合研究所（現研究所の前身）入所。2000年群馬大学医学部（医学博士号）。同年からハーバード大学医学部ブリガムアンドウィメンズ病院・睡眠医学科留学。2014年労働安全衛生総合研究所・過労死等調査研究センター長代理、2016年同・産業疫学研究グループ部長、2019年同・過労死等防止調査研究センター長、2021年同・社会労働衛生研究グループ部長。

吉川 徹
（よしかわ・とおる）
独立行政法人労働者健康安全機構労働安全衛生総合研究所　過労死等防止調査研究センター統括研究員

1996年産業医科大学医学部卒業、医師・博士（医学)。2000年財団法人労働科学研究所・研究員／副所長を経て2015年より現職。専門は国際保健学、産業安全保健学（産業精神保健学、職業感染制御学、人間工学等)。過労死等防止対策推進法に基づく過労死・過労自殺（民間労働者）の労災認定事案分析、総務省が実施する過労死等の公務災害認定事案（教職員を含む）の医学的調査分析を担当。

米国の労働者のデータで紹介していただいていました。健康上のリスクももちろん大切ですが、先生たちに、睡眠不足は仕事の質的にもよくないということをもっと言っていくことができればと思います。日本でも、睡眠不足が仕事の質や生産性に悪いということは研究されているのでしょうか。

高橋：日本での研究はまだ少ないですね。生産性をどう測るかというのはなかなか難しくて、たとえば製造ラインだと時間あたりどれくらい作ったかというのはわかりやすいですが、先生の仕事も含めて、目に見えない成果をどう測るかというのは難しいんです。それはそれで研究としてやっていけばいいと思いますが、睡眠研究からの類推として、きちんと睡眠をとっていなければ、いろいろな問題に柔軟かつ創造的に対応していくことが非常に難しくなるということはわかっています。

学校現場はけっして決まったシーンばかりではなく、その都度、子どもたちの状況を見ながらやっていかなければならないという、柔軟な対応を求められることが多いと思います。その準備として、学校の先生がしっかり睡眠をとり、健康でいることが必要だと思いますし、それができないと本来1時間で終わる仕事が2時間になってしまったり、結局それが残業につながったりするような悪い循環があるようにも思います。

いきいき働いている先生のリスク

妹尾：関連する話で、僕の別の本の中でも「イキイキ教師」と「イヤイヤ教師」という話をしています。長時間労働をイキイキとやっているケースと、嫌々やっているケースとあるんですね。1人の先生が両方のケースとなる場合もありますが、たとえば部活動などは典型で、部活動命という先生もいれば、プライベートを犠牲にするのは嫌なんだけれど、という先生もいます。

嫌々長時間労働になっている先生は当然、精神的にしんどくてメンタルを病む心配があって、最悪の場合自死につながるということを警戒しなければいけないことは明らかです。

一方で、いきいきやっている先生は、本人も大丈夫だと言っているし、子どもたちの成長にかかわってエネルギーをもらっているし、という状態。周りもこの先生は熱心でいい先生だとして、放置されている可能性が高いです。ただ、いきいきやっている先生も、睡眠不足になったり、知らず知らずのうちに疲労が蓄積されたりして、場合によっては過労死のリスクが高まっていくことがあります。そして、子どもたちのためにやっていることがモチベーションになっているわけですから、ストップが自分ではかけられない。このように、いきいきやっている先生の健康への影響についてもおうかがいしたいです。

高橋：働く人の心の健康ということでは、「ワーク・エンゲイジメント」（仕事への活力・熱意・没頭）が注目されています。いきいき働いている人たちは、本当にwant to workです。一方で、嫌々働いている人というのは、いわばワーカホリズム（強迫的に働く状態）という形で、have to work、働かされるとか、働かなければならない、みたいに真逆なんですね。

ワーク・エンゲイジメントが高い人たちは、心の健康は非常にいいし、生産性も高いと言われているのですが、やはり程度の問題で、楽しい仕事、おもしろい仕事、興味があるからといってそ

＊1　「第6回学習指導基本調査　DATA BOOK（小学校・中学校版）」（2016年、ベネッセ教育総合研究所）の調査では、2016年の教職員の睡眠時間の平均は小学校5時間47分、中学校5時間48分、高校5時間55分という結果でした。経年比較で睡眠時間は減少傾向にあります。

＊2　ワシントン州立大学のハンス・ヴァン・ドンゲン教授の報告です。参考：佐々木司『働き方改革』には睡眠リテラシーの向上が欠かせない」情報産業労働組合連合会ウェブページ　http://ictj-report.joho.or.jp/1810/topics01.html

＊3　過労死等防止対策推進シンポジウム（2019年11月6日）での高橋先生の講演資料で紹介されていた、米国労働者を対象にした調査です。（Chen et al,Popul Health Manage2018）

れをずっと続けていると、疲労がたまっていき、いずれ心か体に影響が出ると言われます。ですから、いつまでもいきいきやれるために、オンはオン、オフはオフときちんと切り分けることが大事だと思いますね。

吉川：いきいき働いていても突然亡くなるということは、脳・心臓疾患では実はあるのではないかと思います。たとえば糖尿病で、ヘモグロビンA1c*4が10くらいでも自分は元気だといっていきいき仕事をしている先生は、実は糖尿病に加えて長時間労働によって血管がぼろぼろになり、脳卒中や心筋梗塞を起こすリスクがあります。いきいき働いていても、まず健康診断なども含め、健康に問題がないかということは確認しておくことが必要です。

過労死、特に脳・心臓疾患の場合では、ちょっと胸が痛いなとか、なんか頭が痛いな、でも忙しいから病院に行けない、と放置されてしまうことがあります。しかし、命は他人が決めるのではなく自分が決めるものです。予兆が出た場合には健康を優先し、早めに病院に行くことが大切です。

いきいきと働いていた先生でも、たとえば、問題行動の多い子どもの指導の担当になって親とのトラブル、ひどいクレームを受けたりして、なんだか顔が曇ってきているなとか、普段は髪の毛をきちんと整えているのにぼさぼさでおかしくなったり、そういった、ふだんと違う様子が出てきたとき、周りが気づいて、「先生ちょっと休んでは」と声をかけたり、保健室の先生に相談したり、産業医の先生の来校時に少し時間をもらったりすることを助言できること、いわゆる健康障害が起きそうなリスクを早めに見つけて、それを専門家につなげるということも大事です。

また、表面はいきいきして見えて、周りは元気だと思っていたけれど、実は家に帰ったら家事も何もできなくてぼーっとしてしまっているということもあります。学校ではなく家庭の問題、親の介護や、自分のパートナーの問題でトラブルがあった場合などには、学校でいきいき働いているようでも、実は家庭に帰ったら非常に大変だということもあります。困った時のセーフティネットが大切で、学校以外での先生が抱える問題も相談できる窓口などを作っていく必要もあるのではないかと思います。

長時間労働による脳出血の危険性

工藤：吉川先生が担当されて過労死等調査研究センターから出された2017年度の資料[*5]の中で、とくに脳疾患の死亡率が非常に高いということと、脳梗塞ではなく脳出血の割合が多いというのは、やっぱり過労からつながっていると考えられるのでしょうか。

高橋：私たちが2014年から全国の過労死の事案を集めて最初にしたことは、疾患名を明らかにしていくことでした。毎年6月に出される前年度の過労死の状況というのは、大きく脳疾患と心疾患という二つしか出ておらず、その内訳は公表されていませんでした。我々が全ケースを見たところ、まさに工藤さんがおっしゃるように脳疾患が6割、心疾患が4割でした。脳疾患の中でも梗塞、血管が詰まるという病気よりは切れる、出血するというのが多いということで、これはやはり長時間労働が主な要因でしょうが、過重労働のひとつの特徴的な病気の現れ方なのではないかと思っています。

工藤：私が収集した事案の中でも、脳梗塞は1件

＊4　ヘモグロビンA1cとは、過去の2ヵ月程度の血液中の糖分の状態を評価する指標です。10以上は直ちに治療が必要な状態です。通常6・5未満（高齢者は7未満）を目標に治療計画が立てられます。自動車運転手等では8以上は就業制限が検討されることがあります。

＊5　総務省委託調査研究「平成29年度地方公務員の過労死等に係る労働・社会分野に関する調査研究事業（教職員等に関する分析）」（2018年3月、独立行政法人労働者健康安全機構労働安全衛生総合研究所　過労死等調査研究センター）

しかなくて、ほぼ出血性でした。私の夫は脳ドックで将来くも膜下になる可能性はほとんどないと診断されていたのに、その1年後に亡くなりました。負荷がかかると、何も異常がなかった人もくも膜下になってしまうんだ、そんなに負荷がかかっていたんだと衝撃だったんです。

高橋：40代、50代、まさに働き盛りの方というのは、脳出血の危険性は本来、低い世代です。それでも出るというのは、相当に負荷がかかっているのではないかと思います。

吉川：過労死研究の中で病名を見て、ほんとうに驚いたのは、脳出血とくも膜下出血が多いということです。一番は脳出血で、血管が破れるわけです。その医学的な理由は議論が続いていますが、おそらく長時間労働と血管の脆弱性の関係が注目されます。脆弱性というのは、血管が傷んで出血をしやすくなるような状況になることですが、それで脳出血を起こす、脳梗塞なり脳出血を起こすという考え方は科学的にも確かめられてきています。

これまでの過労死研究の中で、高血圧性脳出血という特徴的な脳出血が多く確認されています。脳の中心部の最も大事な部分が出血してしまうタイプのものです。おそらく長時間労働によって血圧の変動があったり、あるいは持続的に拡張期血圧（下の血圧）がずっと高いことなどにより出血しやすくなったと考えられています。やはり予防のためには睡眠をしっかりとることや、インターバルを入れること、また週1回は休みを完全にとって、血圧を安定させたり、急激な血圧変動をさせないことです。

併せて、やはり血圧が高い先生は、きちんと治療して管理するべきことをあらためて周知すべきです。元気だと、血圧が高いけどまあいいか、みたいに放置しやすいのですが、今は薬を飲めば血圧をしっかりコントロールできます。また、薬だけでなく、睡眠を確保する、タバコをやめる、過度なアルコールは控える、体重を管理するといったような、やはり一般的な健康管理が大事です。

先生が倒れることで自分の家族も悲しむし、同僚も悲しむ、何より先生が一生懸命手塩にかけてきた子どもたちの衝撃は計り知れないものがあることを考えると、先生が健康であってはじめていい教育ができるんですよね。産業医の先生に会いにくい、健康診断の結果でフォローを受けにくい、病院に行く時間がないなどもあると思いますが、健康確保のために健診を適切に活用していくことが大切です。先生も子どもたちに健康についての教育をしていると思いますので、人間の体のことをよく知っているはずです。だからこそ、自分の健康を守る方法を考えてほしいです。

学校をサポートできる仕組みづくり

高橋：今までの話を聞くと、学校という職場、労働現場の抱える問題は、小規模事業所の健康管理、組織運営の問題あるいは仕事の多忙さのような課題にかなり似ています。産業医もいませんし。

吉川：学校医の先生が産業医を兼ねていることもあると思いますが、学校医の先生は子どものことは見ていますが、先生のことはよほどしっかりした医師でないとなかなかアプローチできないということもあるかもしれません。ですから、中小事業所の産業保健、健康管理を支援できるような仕組みを、たとえばA市ではそのA市を担当している産業医で、とくに学校のことに詳しい方に専門的に複数の学校を担当してもらうとか、医師だけでなくすぐ相談に乗ってくれる保健師など、産業保健を支援するチームが学校の先生たちの健康を支える仕組みにする。都道府県単位、市区町村単位で学校の先生たちの健康を支える、産業保健チームみたいなものを促進していくのがいいでしょう。

高橋：一般の事業所の、とくに小規模事業所を支える機関として、各都道府県に産業保健総合支援センターというものがあります。その県のセンターの下に地域産業保健総合センターが区市レベルでいくつかあって、産業保健サービスがいろいろな事情で受けられない事業所に対して相談を受けたり支援をしたりしています。実際にはなかなかうまくいっていないところもあるのですが、学校という小規模事業所に対する地域産業保健総合センターみたいなものは、今のところまだないですかね。

吉川：そういうものができてくるといいですね。たとえば、健康診断で数値が高いけど、この結果は病院に行くべきかとか、薬を飲んでいないけどちょっと様子をみたほうがいいですね、といった医学的なことを相談できたり、この先生は最近調子が悪そうだけどメンタルの先生はどこに紹介したらいいか、あるいは長時間労働についてルールをつくりたいけれど労務管理的に問題ないか、といった相談ができたり。あとは、たとえばこういう助成があるけれどこれを使ってみたらどう、のように産業医を共同で専任するとお金がもらえるとか、ストレスチェック制度で職場環境改善を行う際の助成金の活用方法を支援できるとか。

高橋：学校の先生個人、あるいは教職員組織だけではやっぱり解決しないこういう問題となると、地域とか国との関わりになってくると思いますが、今日、明日にはできないにしても、そういう支援センターみたいなものを今後は作っていくのも有効かもしれませんね。

工藤：文科省や教育委員会に相談してください、とよく言われるのですが、そこは先生方が相談したくないとおっしゃるところなので、今の話はすごく大切だと思いました。

早めに医師に相談できるための体制づくり

吉川：たぶん先生が医師に助けを求めるようなときには、すでにかなり病状が進行や悪化している場合が多いのではないでしょうか。

妹尾：そうですね。２０１８年の中央教育審議会・学校における働き方改革特別部会に、教職員のメンタルヘルスに関わっておられる九州中央病院の十川博先生にお越しいただきましたが、学校の先生はかなり深刻になってから相談されるケースが多く、もっと手前で来てくれればもっといろいろできることがあるのに、というお話をされていました。どうしても自分のことは後回しにして、子どもたちのことが最優先になりがちですし、あとは同僚に迷惑をかけないことを優先させてしまうので。もっと軽めのときに相談できたり、予兆があったときに早めに治療を受けたりしやすい仕組みをつくることは大事です。

高橋：それはすごく大事なことです。企業でも、メンタルががたがたで、とても出勤できない状態になってから通院するというケースは多いと聞きます。本来であれば、いきなり入院、休業になる前に何か手を打てればいいと思うのですが、学校の先生もそうかもしれませんが、まずがんばってしまって、つらくてもがんばり続けてバタッと倒れてしまう。徐々に悪くなっていけばなんとなくわかるのですが、いいラインからいきなり落ちてしまうとなると、周りはどうしていけばよいのか、ということですよね。

私どもの過労死等の事案の研究でも、同僚を無視したというよりも、メンタルの悪化がわからなかったということが職場ですごく多いことがわかります。職場でラインのケアとか縦横のケアとは言っているのですが、本人もなかなかメンタルの不調を見せないでしょうし、わかりにくい。精神障害になって自殺されたケースを調べた私たちの研究によると、うつ病や適応障害が発症してから自殺に至るまで、6日というのが半分でした。発症の時期は自殺のリスクが非常に高いと言われているものの、そんなに短い間に多くの人が自死されてしまうとなると、どう現場でサポートしていけばいいのかというのは、大きな課題だと思います。

２０２１年度から、精神障害の事案の解析に精神科医にも共同研究者になってもらっているのですが、その先生が少し事案を見たところ、やっぱりなんでこんなに悪くなる前に休みをとるようにしないのか、あるいはもし精神科とかクリニックにかかっているのであれば、ドクターがお休みしましょうと言わないのかということをすごく疑問に感じたそうです。

昔は、メンタル不調で芸能人が休むということは少なくて、あっても公にはならなかったり隠されたりしていたと思うのですが、今はうつになりましたとか適応障害になりましたと公表されていますよね。僕はあれはすごくいいことなのではないかなと思っています。パニック障害やうつ病、適応障害というのは、脳や心が耐えきれなくなっているということで、とにかく休むのが治療です。休まない、休めないというのはけっして望ましいことにはならないので、大きな火事になる前に、ボヤでとどめられるようにきちっと休む。必要であれば薬や治療を受けるほうがいいはずです。メンタルが悪くなりたいという人はいませんが、学校の先生も含めて、今はそういうことになる確率、危険性を誰もがもっているわけですから、なんとかそれを共有していければいいかなと思っています。

「アタリ」「ハズレ」を乗り越えられる体制づくりを

工藤：私は新任の先生たちといろいろ話すことが多いのですが、先生を続けられるのは運だって言うんですね。配属校の運次第だと。今回はよかったけれど、次が悪かったら先生をやめるかも、という話も聞いたりします。とてもメンタルが強い、先生になりたくてしょうがなくてなった新任の先生が、毎日死にたい、死にたいと鍵がついたTwitterに書いていたり、夜中の12時頃まで帰れない先生もいたりして。その先生たちをどう支援したらいいのかとすごく悩んでいます。

また、同じ学校で２人の新任の先生が過労死等でその年に退職されましたが、１人は校長先生から、保護者対応のことで、君は学校の先生に向いていないからやめろと言われ続けて、学校に行けなくなったということでした。同じ学校から2人も深刻な事態になるというのは、どういうことだろうと。その2人も証拠などは足りないので公務災害申請にも至っていないんです。ただ、そういう隠れた事案が私のところに山ほど来ます。公務災害事案にも至っていないけれど、明らかにハラスメントだったり過労死だったりという事案を見ると、すごく苦しくなりますし、どうすればいいんだろうなとすごく苛まれます。

吉川：どの職場に配属されるかには「アタリ」「ハズレ」もあります。非常にウマの合う管理職や同僚に会う「アタリ」もある一方で、たとえ「ハズレ」でも、病気になってしまうとか、死につながってしまうことにならないような制度というのはできると思うんです。人間だから合う、合わないもあるし、対応が大変な親御さんに遭ったり、難しい地域の学校の先生になってしまうことがあったとしても、それでも最悪の選択をしないような状況にする仕組みは、知恵をしぼっていけばできるのではないかなと。

また、公務災害のメンタルについてのデータを見ると、病名で言うとF3[*6]という、うつ病を含む気分障害が半数で、もう半分はうつ病ではなく、急性ストレス反応やPTSD、日本語だと心的外傷後ストレス障害などのストレス関連障害として心を病んでいます。長時間労働によるうつ病で自殺するというだけではない、非常に衝撃的なできごとや、驚愕するようなできごと、心が折れるような、心に傷を負うようなできごと、たとえば親御さんだけでなく、管理職の先生とか、自分の仲間だと思っていた人から言われた言葉で心が折れてしまうような病気になっているのです。女

＊6　ICD-10（国際疾病分類）による精神障害の分類名。F3気分［感情］障害、F4神経症性障害、ストレス関連障害及び身体表現性障害に分類されています。

性の先生に限れば、うつ病は3割でストレス関連障害は7割です。精神障害で公務災害認定を受けている先生の半分は急性ストレス反応、PTSD、適応障害なので、長時間労働だけではないメンタルヘルス対策としてのハラスメントや、暴言暴力への対応にも取り組んでいかなければいけないのではないかと思います。

ストレスチェックの活用の状況

工藤：今回の大綱の見直しで数値目標が6点出ましたが[*7]、私はこれについて、過労死防止の点から先生の働き方と比較しながら問題提起していきたいと思っています。今のストレスチェックやメンタルヘルス対策について、たとえばストレスチェックの集団的な分析をしてそれをどこまで学校現場で活かせているでしょうか。また、過労死防止の点から、学校の働き方を改善していく大きなポイントというのはどういうところで、この数値目標をどう考えていけばいいかというところを最後にお話しいただけますか。

吉川：ストレスチェックについてはいろいろ研究しているのですが、学校の先生に注目しての分析は十分ではありません。一般労働者の分析については、50人以上の事業所で2015年にストレスチェック制度が義務化され、50人未満の事業所は義務ではないですが、それでも2021年7月公表の労働安全衛生調査で報告された2019・2020年のデータでは、実施率が60%を超えています。ストレスチェックの結果を集団分析して活用しているところは7割を超えているので、一般労働者ではかなり当たり前の形になっていると思います。

一方、一般労働者での課題として、分析したもののそれをどう使うかというところがまだハードルが高く、分析をした後、たとえば健康リスク値では仕事の量と裁量度、そして職場の支援という三つの視点で主に見ているのですが、それが高かったところは、どう改善していくかということをトップダウンで進めるのがひとつの方法です。たとえば○○という部署はいつも長時間労働で大変だという分析結果が出たら、では人員を増やそう、業務を外注化しよう、ということを企業で決めたり、また、新人が多い職場では支援が少ないという集団分析結果が出たので、管理職研修は新人が行くところは必ず悉皆研修にしようといった対策につなげる。もしくは、ストレスチェックの結果をもとにしながら職場のよい点を確認し、改善したい点を話し合い、改善計画を立てましょうという形で使う。このようなトップダウン型と管理職研修型、そして従業員参加型という三つのアプローチで広がっていると思います。

学校の先生に広げるという点で、今はいろいろ試行錯誤が続いているのかなと思います。

ストレスチェックの結果を通知表のように使われるのが嫌な校長先生もいると思います。たとえば○○学校はいつも支援が少ないとか、コントロール感がないという結果が出たりして、それは校長のせいだと言われて将来キャリアがつぶされてしまう、などと考えてしまう校長先生もいるかもしれません。ストレスチェックはただ法律で規定されているからやるのではなく、その結果をもとに都道府県として適正な人員配置をしたり、人が足りないところは手当てしたり、大変な学校もうまくローテーションができるような人事に使いましょう、というように全体計画の中で戦略的に活用できるよう位置づけてもらえるといいのではないかと思います。

ストレスチェックをすると、それで健康になるのではないかと勘違いされる方がいますが、アンケートに回答しただけでは全然健康にならないですからね。アンケートで気づいて相談したり、その結果をもとにどうするかと動いたりしてはじめ

＊7 「過労死等の防止のための対策に関する大綱」。本書234頁図表5－2を参照。

て健康になっていくので、調査だけするならしないほうがましだと思います。ストレスチェックの集団分析はこういう方針で活用していきましょう、とうまく使えている県もあるのではないでしょうか。

妹尾：個々の先生に聞いたところ、ストレスチェックの結果は個人に返されて、ふーんといって終わり、あなたは気をつけなさいと書いてあっても、言われなくてもわかってる、みたいな感じだそうです。集団分析で、組織的な問題にまで踏み込めているところは、僕が知っている限りでは少ないです。

高橋：「ものさし」は使いようですよね。

吉川：そうですね。学校はどうしても、点数や評価というものにすごく敏感ですよね。この学校は全国平均より何点上とか下というのを目標に掲げたりして、ストレスチェックの結果で全国平均よりも高いとか低いということに管理職の先生がものすごく敏感に反応したりすると、やっぱり集団分析はできればやってほしくないとか、それよりももうちょっと子どものことを優先したい、となってしまうかもしれません。

しかし、そういう客観的なデータがあることで、改善を後押しできる可能性はあります。たとえば教育委員会で活用するために、まずはプライバシーを守りながら、結果がよい学校にヒアリングするために使います、などとできるとよいと思います。非常に支援が高くて先生方の負担感が少なくて裁量度もあって、先生がいきいきしている学校はこういう点数になっていて、話を聞くとこういうことをやっている、なのでそれを活用していきましょう、みたいに、いい学校を見つけて広げる戦略として始めると、ハードルは下がるかもしれません。悪いところを見つけるためではなく。

妹尾：今、愛媛大学教育学部の露口健司教授のところで愛媛県教育委員会と一緒にやっているとは、先ほど高橋先生からもあったワーク・エンゲイジメントの把握と抑うつ傾向とウェルビーイングの定点観測です。抑うつ傾向が高くてエンゲイジメントが低い学校は何か原因があるのではないか、というようにデータを見て気づくということはできつつあるようで、他自治体より進んでいます。

高橋：自治体の対策を待つという手もありますが、往々にして時間はかかりますし、そういうものを片目で見ながら、自分たちの職場を少しずつでもどうよくできるか、という態度をもつことが必要かもしれませんね。コンサルタントをつけても的外れなこともありますし、自分たちでどうしていくかという目標の立て方が大事になってくるのではないでしょうか。

教師のメンタルヘルスを守る仕組みづくり

大石 智（北里大学医学部講師）

文部科学省「教職員のメンタルヘルス対策検討会議」委員などを務められた、北里大学医学部講師の大石智先生に、学校の先生方のメンタルヘルスケアのための仕組みをどうつくっていけばよいか等について、お話をうかがいました。

教員の精神疾患による病気休職の背景

妹尾：学校の先生たちのメンタルヘルス不調、とりわけ精神疾患による病気休職はこの10年以上、5000人前後で高止まりしています。大石先生のご著書『教員のメンタルヘルス——先生のこころが壊れないためのヒント』（大修館書店、2021年）にも書かれていたように、世の中全体で増えているという部分もありますが、教員はそれ以上の割合で増えています。さまざまな背景があると思いますので、ひと言、ふた言で表せるようなものではないと思いますが、なぜ高止まりしているのでしょうか。学校のメンタルヘルス対策でがんばられている自治体もあると思いますが、正直うまくいっていない部分も大きいかもしれないという気がしています。

大石：背景要因を整理して申し上げるのは難しいですが、妹尾さんが言われたように、ひとつは世の中全体で増えているということもありますよね。1999年に新しい抗うつ薬が発売されて、多くの精神科医たちが製薬企業の広告宣伝の影響を受けやすくなり、「うつは心の風邪である」というキャンペーンがはられたりということがありました。そういう影響もあって、精神医療従事者以外の方たちも心の不調に関心が向くようになりました。

それまで理由のある悲しみは疾病化されず、人生の悩みであるとされていましたが、「心の風邪」キャンペーンを境に、理由のある悲しみも病気であるというラベリングが生まれやすくなりました。病気休職をする必要がある、あるいはしてもいいという状況が社会的に生まれていったというのはまずあると思います。

私が関わらせていただいている神奈川県相模原市では、学校の先生方自身や管理職の方への介入、あるいは保健師さんをハブにして早めに予防的な介入をしていこうという取り組みを行い、一時、精神疾患による休職者数は減っていったのですが、また増えてきています。

その要因を考えると、支援の取り組み自体に大きな変化はないけれども、やはり先生方の業務がどう考えてもあまりに忙しすぎるということがあると思います。相模原市でも勤務時間の管理が始まりましたが、タイムカードではなくデスクトップＰＣのログイン・ログアウトで管理しています。個別の先生方の支援のための相談でお話ししていると、提出された資料によれば時間外労働時間が長くはない人でも、よくよく聞いてみると、早めにログアウトしてますとか、実は仕事を持ち帰っているんですという話をよく聞きます。またコロナのこともあって、感染症対策のための新たな業務や、コロナ以前も学習指導要領の改訂、新たなＩＣＴ関連の業務、小学校での英語の授業な

大石 智
（おおいし・さとる）
学校法人北里研究所北里大学医学部精神科学講師

医師、医学博士。1999年、北里大学医学部卒業。2019年1月より現職。相模原市教育委員会非常勤特別職を務め、2011～2012年度文部科学省教職員のメンタルヘルス対策検討会議委員。【著書】『認知症のある人と向き合う：診察室の対話から思いをひきだすヒント』（新興医学出版社、2020年）、『教員のメンタルヘルス――先生のこころが壊れないためのヒント（大修館書店、2021年）

ど、ますます仕事が増えています。

そして仕事ができる先生にはさらに仕事がまわされて、かなり疲れ切っています。異動とともに少し仕事量を減らせたら、と願望を抱きながら異動すると、また仕事が降ってくるということもあるようです。高学年をずっと担当していて、異動したら少し低学年をやりたいなとか負担を減らしたいと思っていても、なかなか言いづらい。また、校長先生からよくうかがうのですが、もともといたベテランの先生や勤続年数が長めの先生方は校長先生とも話をしやすくて、業務上の希望を伝えやすい状況にあり、そういう先生には仕事を振りづらいけれど、新しく来た先生はこれまでの学校の状況をあまり知らないから、なんとなく仕事を振りやすい、ということもあるようです。やはり、業務が過密な状況がかなりあるんだなと思います。

私自身は大学に長くいるのですが、大学の教員に比べて小・中・高校の先生方は子どもたちに教育を提供するということ以外の業務があまりにも多くて。精神疾患による病気休職者数が高止まりの状況というのは、労働環境が関連した不調がかなり多いのだとすれば、やはり労働の量が多すぎるということ、忙しいなかでは同僚間や上司から部下へのねぎらいの声掛けやポジティブなフィードバックによってストレス状況を緩和するということが生まれにくい状況もあるのだろうと感じています。

妹尾：保健師さんと一緒に支援されて、大石先生もスーパーバイズや診療をされたりしているのでしょうか。

大石：そうですね。最初は実態がよくわからなかったので、保健師さんと全校訪問することになりました。校長先生や副校長先生から状況を教えていただいて、これは大変な仕事を引き受けてしまったなという思いを抱きました。全校訪問以降実施しているのは、校長を介して保健師さんにつながり、保健師さん単独での介入をしたけれどちょっと心配だなという先生に面談し、その後のフォローアップをしていったり、不調になりそうな先生、休職中の先生、復帰後の先生も、フォローアップをさせていただいています。復職後の事後措置、つまり業務負担の軽減措置や復職について審議する審査会でディスカッションしたりとか、そんなことで10年以上、いろいろと関わっています。

セルフケアの意識をもちにくい職場

妹尾：大石先生は民間企業に勤めている方や他の公務員の方とも接することもあるなかで、学校の先生たちについては、業務量としても性質としてもちょっと異常だぞと思われることがあったということでしょうか。

大石：そうですね。実際、一般企業の社内診療所の手伝いとか、公務員の方の健康管理など、公的機関や民間企業でも関わらせていただいています。「学校教員は感情労働の極北である」と言われています。確かに複数にまたがる対人関係をうまく調整しないと成り立たない仕事ですし、そこには無意識の中での感情調節が常に求められます。また、教育を子どもたちに提供していくなかで、子どもたちの成長はすぐに現れませんから、達成感の得にくさ、消耗しやすさがあると思います。

それに加えて社会が変化する中、多くの人々が問題の解決を専門家に期待するという風潮もあるでしょう。家庭の中で起きているさまざまなことを学校の先生に期待していく、解決を求めていくという変化もあると思います。退職した校長先生から話を聞いていると、昔は家庭でのしつけや育児の範疇だったことを、学校の先生に求める傾向が強まっているようです。たとえば、お風呂になかなか入らない、歯磨きを全然しないとか。また、登下校中の事故対応とか、学校にいる間のアレルギーの管理など子どもたちの安全管理もありますね。一昔前はあまりそういう話はなかったけれど、知らないうちに教員の仕事になってしまっていて、こんなに多くの仕事が増えて、「これを現場に任せて退職したんだけど、なんか心苦しいんだよね」という話を聞くこともありますね。

社会が教員に求める仕事が膨大になり、それが整理されないまま、先生方がやりがいや張り合いを得られる子どもたちとの時間が失われやすくなっている状況が、ここ何年もの間、高まってきているのではないかと感じることがあります。

妹尾：こんなことも学校に、という例はたくさんあると思います。教員の仕事はさまざまな人間と人間とのヒューマンサービスですから、くたびれやすいし、やりがいもあるけれどしんどい部分もあるということなんだと思います。感情労働とか仕事の性質によってメンタル不調の方が多いとか少ないとかはだいぶわかっていることなんでしょうか。

大石：いろいろ調べてみましたが、おそらくまだ質の高いエビデンスは不足していると思います。というのも、労働の種類によって精神疾患による病気休業や罹患率がどのぐらいなのかというのは、なかなか整理、公開されづらいと思うんです。一部比較しようとしても、調査年度が違っていたり、民間企業だとそういうデータはあまり公開したくないでしょう。公務員も休職者が増えているなど、ときどき報道はされますが、職種横断的にデータがちゃんと出ていないので、そこはけっこう難しいなと思いますね。

妹尾：職員室に休憩室がないというのも象徴的な話ですが、学校では子どもたちのことが最優先で、どんどん仕事をやってしまうけれど、自分や同僚のケアも大事にしないと難しい仕事なのだということを、まず職場の共通認識にしていただくというのも大事なんでしょうね。

大石：それはすごく大事ですよね。学校訪問をしていたときに、休憩室がないことや、子ども用なのではと思う職員用のトイレがあったりとか、洗面台の高さも子どもに合わせてあったり、天井も低かったりすることに驚きました。ある校長先生に「学校ってほんとうに大人のためのつくりになっていないんですね」と話したら、普通に「だって学校は子どもたちのためですからね」と言われて。そのとき反論できなかったのですが、それはまあそうなのだけれど、働く人のことも考えないとちょっとまずいんじゃないかなと思ったのも事実で、そういう子どものための構造の中にずっと身を置いていると、セルフケアの意識が薄れてしまうのではないかなというのが心配ではありますね。

先生を守る仕組みが必要

妹尾：多くの現職教員の方から、産休・育休の際に補充されるはずの講師の先生がなかなか見つからないとか、病休の方がいらっしゃると、補充の常勤職がいないため非常勤の講師の方でなんとか授業の穴を埋める、みたいな話をよく聞きます。

　もともと忙しいうえに、さらに人員も予算も少なくて、周りも忙しそうだったり、学級運営が不安な先生のケアもしないといけなかったりすると、なかなかサポートしてもらいにくいと思います。また、先ほど言われたように、ある程度経験年数のある方が異動してきて、これくらいの経験があったり、前任でたとえば教務主任をやっていたなら大丈夫だろうなどと思われてサポートを受けられず、その方もしんどくなってしまう、というようなこともあるかもしれません。いろんな難しさがあって、どこから手を付けていいのか、というのは悩ましいところではありますけれども。

大石：人的資源の厳しさというのはほんとうにそのとおりだなと思っていて、支援活動のお手伝いを始めた10年ほど前は、病気休職とか産休・育休で補充が回らないという話はほとんどありませんでした。でもここ数年、空いた穴を埋められないという状況はあちこちで聞くようになって。今おっしゃられたように背景要因が複雑すぎて、どこから手をつけたらいいんだろうみたいな、そういう悩ましさはありますね。

妹尾：前からおかしいなあと思っていたことなんですが、学校の先生は子どもたちのためならば、時間の制約がないかのごとく仕事をしてしまうようなところがあります。精神科医やカウンセラーの方は、面談や診察をするのは何時何分から何分までと決まっていますよね。たとえばいくら自殺したいという深刻な患者さんがいたとしても、1人あたり1時間も2時間も話を聞くというようなことをしていたら、聞いている側がつぶれてしまうので、ある意味バリアを張っている部分もあるのではないかと思います。

これが学校の先生だと、困難を抱える子どもとか、生徒指導上しんどい子がいると、ある程度の時間には切り上げるとしても、30分などと区切らずに、無限定にやってしまう傾向があって。学校の留守番電話の設定はひとつよいことだなと思っているのですが、まだまだその程度というか、始まったばかりです。

大石：精神分析療法と呼ばれるような、精神医学的な面接は、構造を重視しています。最初に来談者に、「じゃあ今日はいつもどおり40分程度のお話になりますが、あなたが今日話したいことは何ですか」と、何気なくその構造を示すんです。そういった面接の技術として、ある程度の防波堤というか構造を設けることで、来談した人がエスカレートするのにブレーキをかけてあげるという役割はあるんだろうなと思います。

一方で、俗に言うクレーマー的な保護者への対応とか、障害の非常に強い子どもへの対応などの場面では、そういった構造があまり生まれていないのかなと思うことはよくあります。対応がこんなに大変だったんですよという話をされて、どのくらいだったんですかと聞くと、もう3時間も怒鳴られっぱなしで、みたいな話を聞くこともあります。

病院には元警察ＯＢの保安職員の方がいて、あまりにも厳しい面接を求めてくるような来談者の場合には、保安職員が面接の医者の後ろ側に立って、ある程度来談者のエスカレートする心情にブレーキをかける役割を果たそうとする構造があります。ただ、学校の中には、そういう来談者のエスカレートする心情にブレーキをかけるという構造がなくて、学校の先生が蜂の巣状態のようになってしまう、そういうつらさを感じるところはありますね。

妹尾：なるほど。たまたまその校長や教頭が保護者をなだめたり関係性をつくるのがうまいなどの運に期待するのではなくて、病院の保安職員さんみたいに、支援する人たちの体制が整っていること、また、困っているときはこうスイッチしようというふうに、能力とか意識じゃない部分で仕組みや制度としても考えていくことも必要なんでしょうね。

大石：先生方が守られている仕組みというのはすごく大事ではないかなと思います。どうしても専門職を攻撃してしまう気質のある方はいらっしゃいますが、彼らがエスカレートしないようにする。彼らもエスカレートしてしまう理由はいろいろあって、虐待のサバイバーだったり、親がアルコール依存だったり、児童期の逆境体験があったりする方が暴言を吐いてしまったり、クレーマー的になってしまったりすることが多いですが、彼ら自身も暴言を吐いて専門職を責めてしまうことでまた新たに後で傷ついたり、後悔したりというふうに再トラウマ化が生まれやすい。ですから、先生方、働いている人を守る、それから放っておくとクレーマーや暴言を吐く人になってしまう人たちを守る意味でも、保護的な構造というのはもっと考えていってもいいのではないかと、あらためて気づかされます。

保健師の役割の重要性

妹尾：ご著書の中では保健師さんの役割について強調されていますね。おそらく先生方からすると、いきなりどこかの精神科医に行こうとするとハードルが高く感じるし、日頃忙しいからなかなか病院に行こうとしない人も多い。身近な保健師さんなど相談に乗ってもらえる方がいらっしゃるのは大事かなと思いました。うちは一番下の5人目の子が1歳なんですが、乳幼児のときは保健師さんがわざわざ来てくれたりとか、もちろん小児科の先生も頼りになるんですけれども、リファー（適切な機関を紹介）してくれる方、コーディネーター的な役割をしてくれる方がいらっしゃるのは確かに心強いなと思っていて、この相模原市の仕組みはいいなと思いました。おそらく他の自治体はそんなに仕組み化されていないのではないかと思うのですが。

大石：以前文科省の職員の方から、必ずしも全国の自治体に保健師さんが配置されているわけではないという話を聞きました。相模原市では最初は1名の配置だったのですが、健康管理という部分ではメンタルヘルスだけでなく、通常の健診後の対応も必要になります。学校の先生方はほんとうに自分を犠牲にして働いているなと思ったのですが、健診後の再検査の要請への再検査率がすごく低かったんですよね。そういう身体面もケアしなければということで、保健師さんを2名そろえていただきましたが、自治体によっては保健師さんが配置されていないという状況はまだまだあるんだろうなと思います。

自治体の保健師さんはメンタルヘルスだけでなく、子ども、子育て支援から高齢者支援まであらゆるところを異動しながら経験を積んできて、メンタルヘルスに関してとくに得意というわけではない保健師さんもいらっしゃると思いますが、そういう保健師さんでも我々がお手伝いして、保健師さんが困ったらメールや電話でバックアップしていますし、我々の面接に保健師さんが同席して経験を重ねていくうちにメンタルヘルス支援がすごく上手になっていく方も多いです。保健師さんが先生方の支援のハブになるような機能を果たしていただくととてもよいと思います。

というのも、まだまだ自分のやっている診療が優れているとは全然思わないんですけど、増えている精神科のクリニックの中で、受診したら初診の段階で待合室でアンケートに答えてその診察室のドアを開けて入るとアンケート結果をみてふんふんとうなずいて、「まあうつ病ですから休業の診断書を書きますよ」と言って、「抗うつ薬と抗不安薬と睡眠薬の3点セットを出しておきます、はい以上」みたいな、そういうクリニックがチェーン展開していると聞くことがあります。高額の報酬で精神科医を雇い入れて、給与は出来高制で短時間診療でたくさん見る医者は報酬が上がるシステムを設けている診療所があると聞いたことがあります。もちろん良心的な医療機関が多いのでしょうけれど、経済原理で動いてしまう医療機関があるということも事実なのでしょう。コロナの中で必要なリモートの診療がなかなか広がらない背景にも、リモートだと診療報酬が安いからやろうとしないというように医療が経済原理で動いてしまっているところも現実としてあって、心の不調を感じたときにぱっと精神科医療機関のドアをたたく前に、まず保健師さんに相談するということのほうがいいのかなと思っています。身内を背中から鉄砲で撃つみたいな感じなんですけど(笑)。

妹尾：そこの部分は僕も知らなかったです。普通の人はわからないですよね。大石先生が同業者の方とちょっと気まずくなるようなことも踏み込んで話してくださっているのはほんとうにありがたいなと思いましたが、教職員は、この診療所、クリニックは怪しいみたいなことはわからずに、しんどいなかで藁にもすがる気持ちで頼るわけです。たしかにワンクッション置いて、つないでくださる、信頼のおける保健師さんなどがいる、あるいはセカンドオピニオンをもらえる方がいるというのも大事な話ですね。そういうのを校長等が知っていたらアドバイスもできるかもしれないですね。

大石：そうですね。相模原市ではなるべく保健師さんに早めに相談をということで、初任者や異動後6年目の先生方の研修とか、新任の校長研修などで保健師さんに登壇していただいて、保健師さんの顔を売ってもらったり、校務支援システムの中に保健師さんの情報が折に触れポップアップで表示されるようにしたりと、大変なときは保健師さんがいますよ、と伝える工夫をしたので、精神科を受診する前に保健師さんにアクセスするというケースはだいぶ増えました。ただ、それでも休職者が増えているのでどうしよう、みたいな感じなんですが。

妹尾：厳密に検証するのは難しいですよね。保健師による支援がなかったら、休職者はもっと増えているかもしれないし、実験するわけにもいかないですしね。

養護教諭との連携を深める

妹尾：関連しておうかがいしたいのは、養護教諭との関係です。養護教諭は労働安全衛生法上の衛生管理者、衛生推進者になっていることもよくあって、実際にこの先生は浮かない顔をしているな、というふうに気づきやすい一人だと思います。一方で養護教諭も忙しいので頼ってばかりでもいけないのですが。その養護教諭と保健師さんや精神科医の先生がうまくつながるなどの仕組みも大事なんでしょうか。

大石：すごく大事だと思っています。ただ、学校によって養護教諭が先生方のメンタルヘルスに関与する密度はだいぶ差があると感じています。また、相模原市ではメンタルヘルスに関する研究部会というのを年に数回やっていて、養護教諭の代表にもお越しいただいています。養護教諭って孤独なんですよとおっしゃっていて、一人職種で学校に存在することが多いので、子どもへの関わりが一義的に求められているという状況の中で、養護教諭はけっこう大変だし、先生方のメンタルヘルスへの関与というのを強く求めにくいということもあります。

ただ、養護教諭の中にもいろいろな経験を積まれて、子どもたちだけでなく、先生方へのケアという視点ももたれている方もいらっしゃって、実際に現場の先生方のお話をうかがっていると、けっこう早めに不調に気づいてくださっていたり、ちょっと心配な時期はこっそり養護の先生に相談していましたみたいな話もうかがいます。養護教諭の力にもっともっと信頼を置いて、先生方の支援の一員として連携を深めていくことができたらなと思っています。

妹尾：養護教諭の負担軽減は別途考えながら、そういうところも考えていくということですね。

教職員のメンタルヘルスにおける産業医の関わり

妹尾：職員が50人以上いる学校は労働安全衛生法上で産業医を置くことが義務付けられていますが、小学校や中学校などは50人未満の職場も多く、学校医の先生もいらっしゃるし、みたいな感じで、産業医が選任されていなかったり、あるいはつながり先がなかったりするような学校も多いのではないでしょうか。

大石：産業医に関してはおっしゃるように自治体によってばらつきがありますよね。相模原市は産業医の設置義務を勘案して、学校を一つの事業所として考えて、その学校に何人の教員がいる、じゃあこの学校のブロックはこの産業医というように、産業医を複数名、年単位で少しずつ増やしてきています。ただ、産業医になるためには日本医師会等の研修を受けるという要件があるのですが、産業医育成のカリキュラムのなかでメンタルヘルスに関する資格取得のための研修のコマはほんとにわずかなんですよね。産業医の生涯教育の中でもメンタルヘルスに関して手厚く研修があるというわけではないですし、もともと大半の産業医は精神科以外の専門領域をお持ちなので、メンタルヘルスの視点での支援というのはけっこう厳しいものがあるんだろうなとは思います。

また、産業医は基本的には中立性を保たなければならないという原則がありますが、実際のところ事業所や会社から給料をもらっているので、どうしてもそこで利益相反関係が生まれてしまいます。医者も経済原理で動きやすい部分もあって、中立性を意識しているけれども、知らぬ間に事業所側に肩入れしてしまって中立性が失われてしまうというようなことはありますね。産業医の給料は普通の医師の非常勤の給料より、産業医手当のような形で上積みされているんです。私は産業医の資格がないので産業医手当はつきませんが（笑）。産業医が配置されても実質メンタルヘルス上の支援にものすごく有効になるかというと、どの企業も産業医はいるけれども別途非常勤の精神科医を雇っていたりという実態もありますし、産業医も限界があるなというふうに思います。

不調に気づける、相談できるためのセルフケア

妹尾：セルフケアについてもおうかがいしたいです。このことを強調しすぎると、自分がちゃんとできなかったというような、自責の念にかられる方もいらっしゃると思うのでそこは注意して扱わなければいけないですが、とはいえ、セルフケアは非常に重要なことだと思っています。ちゃんと寝ましょうとか、けっこうシンプルなことが大事だったりするんじゃないでしょうか。

大石：精神疾患の一次予防というのは非常に難しい部分だと思うので、これというのはなかなか難しいのですが、睡眠衛生はやはり大事だと思います。業務が過密になって労働時間が長くなれば睡眠に影響も出てきますし、自分にとって心地よい睡眠習慣に着目するというのは大切です。睡眠を促進する因子は何だろうとか、逆に妨げる因子は何だろうとか、じゃあ自分の睡眠衛生ってどんなかな、ということを知り、意識していくということは、とても大事だと思います。

それから、疲労や不調のサインとして、自分の中で生まれやすい小さなサインに気づけると、そこから自分をケアする行動が生まれていくと思います。疲労のサインは人によりさまざまで、人によっては朝起きづらい、寝坊するようになったとか、食欲がちょっと落ちるとか、飲酒量が増えるとか、ギャンブルの回数が増えるとか、それぞれの不調のサインというのがあります。それはけっして悪いことでもないし、自分をケアしたほうがいいというお知らせだよ、という気づきのきっかけにしていただいて、自分にとってのセルフケア的な行動を知っておくことは大事なことだと思います。

最も基本的なケアスキルとしては、やはり相談できる人、早めに自分の気持ちを打ち明けられて、自分の思いをけっして否定せずに話を聞いてくれる人がいること。そういう関係性をつくっておくことが大切だと思います。

妹尾：今日お話をうかがって、保健師さんとの相談・支援の体制をつくること、そしてすごく重くなる前に早期に職場の中でも相談に乗れるし、職場の外にも頼れる人がいるという仕組みをつくる重要性などを感じました。ありがとうございました。

第４章でご登壇いただいた先生方との意見交換の全内容を、小社 HP からお読みいただけます。

教育開発研究所　先生を、死なせない　で　検索

https://www.kyouiku-kaihatu.co.jp/bookstore/products/detail/000557
上記 Web ページ掲載のリンクからご覧ください。

第5章

教師の過労死等を二度と繰り返さないために

教師の過労死等をゼロにする

私たちは教師の過労死等をゼロにしたいと本気で考えています。

本書では具体の実例をたくさん紹介してきました。その一つ一つを思い起こすと、先生たち本人やその家族のためにも、また子ども（児童生徒）たちのためにも、過労死や過労自死等は一人も起きてほしくありません。

そのために、何が必要なのか。この章では、第４章までの整理、分析をふまえて、国、自治体、学校、保護者、社会の私たちが行っていくべきことを提案します。

第３章で、教師の過労死等の根本的な要因として、次の５点に整理しました。基本的には、この５点を反転させることが必要です。

1　実現手段を考慮しない教育政策
⇓教職員の健康・ウェルビーイングを大切にする制度・政策への転換
2　〝子どものため〟という自縄自縛
⇓子どものためにも、〝自分のため〟を大切にできる学校職場づくり
3　集団無責任体制、組織マネジメントの欠如
⇓教職員の健康管理に関する校長責任の明確化、それを下支えする仕組みの構築
4　チェックと是正指導の機能不全
⇓地方公務員制度を改革し、労働基準監督が機能する体制へ
5　過ちに向き合わない、学習しない組織体質
⇓過労死等から学び、二度と繰り返さない学校、教育行政に

以下、具体策を交えて、提案します。

〈1〉教職員の健康・ウェルビーイングを大切にする制度・政策への転換

1－1　教職員の健康・ウェルビーイングを働き方改革の主目的に置く

現行では、学校の働き方改革の大きな理念、目的のひとつは、国でも、多くの自治体でも、学校の教育力（指導力等）の向上ということになっています。そして、具体的な目標値として在校等時間の縮減に焦点が当たりがちです。

図表5－1は、各都道府県・指定都市の学校の働き方改革に関する計画・方針を調べてみた結果です。インターネットで検索した限りの情報なので、見つからなかったが、実際には策定しているものもあるかもしれませんが、おおよその傾向を掴むことができます。

ほとんどの自治体では、目標として、在校等時間の縮減を掲げています（たとえば、時間外が月80時間以上をゼロにする、月45時間未満を増やすなど）。過労死等の防止の観点から言うと、長時間労働の是正はたいへん重要ですし、重要な指標なり目標のひとつである、と私たちも捉えています。しかし、ともすれば、**働き方改革の目的が時短である、という誤解を広げる**ことになりかねません。

教職員の仕事への満足度やモチベーション、ワーク・エンゲイジメント（熱意や活力を感じて仕事に

図表５－１　学校における働き方改革に関する都道府県・指定都市の計画、方針

都道府県・市	プラン名	最終改訂	対象		目標						
			都道府県立	市区町村立	在校等時間の縮減	教材研究・授業準備、児童・生徒指導に充てる時間の増加	教職員の意識調査結果	ワークエンゲイジメント、ワークモチベーション	メンタルヘルスの状況	有給休暇等の取得率、取得状況	教師の学びの充実
北海道	学校における働き方改革「北海道アクション・プラン」（第２期）	2021年３月	○	○	○						
青森県	学校における働き方改革プラン	2020年３月	○		○						
岩手県	岩手県教職員 働き方改革プラン	2021年３月	○		○		○				
宮城県	教職員の働き方改革に関する取組方針	2019年３月	○		○						
秋田県	2021教職員が実感できる多忙化防止計画	2021年２月	○	○	○						
山形県	山形県公立学校における働き方改革プラン（第１期）	2019年12月	○	○	○						
福島県	教職員多忙化解消アクションプランII	2021年２月	○	○	○						
茨城県	茨城県県立学校の働き方改革のためのガイドライン	2021年４月	○		○						
栃木県	学校における働き方改革推進プラン（第２期）	2022年３月	○		○	○					
群馬県	〈第３期群馬県教育振興基本計画「教職員が力を十分発揮できる職場の環境整備と健康の保持増進」〉	2019年３月	○	○	○						
埼玉県	学校における働き方改革基本方針	2022年４月	○	○	○						
千葉県	学校における働き方改革推進プラン	2021年３月	○	○	○	○	○				
東京都	学校における働き方改革推進プラン	2018年２月	○	○	○						
神奈川県	神奈川の教員の働き方改革に関する指針	2020年４月	○	○	○					○	
新潟県	〈新潟県教育振興基本計画「教職員が児童生徒と向き合える環境づくり」〉	2019年３月	○	○							
富山県	とやま学校働き方改革推進プラン2022	2022年４月	○	○							
石川県	教職員の多忙化改善に向けた取組方針	2020年３月	○	○	○						
福井県	福井県学校業務改善方針	2020年３月	○	○	○					○	
山梨県	山梨県の公立学校における働き方改革に関する取組方針	2021年３月	○	○	○	○					
長野県	学校における働き方改革推進のための方策	2021年２月	○	○	○		○	○			
岐阜県	教職員の働き方改革プラン2022	2022年３月	○	○	○				○	○	○
静岡県	学校における業務改革プラン	2022年３月	○	○	○	○	○	○	○	○	
愛知県	教員の多忙化解消プラン	2017年３月	○	○	○						
三重県	〈三重県教育ビジョン「学校における働き方改革の推進」〉	2020年３月	○	○			○				
滋賀県	学校における働き方改革取組方針	2020年３月	○	○							
京都府	教職員の働き方改革実行計画	2021年３月	○	○	○						
大阪府	府立学校における働き方改革に係る取組みについて	2018年３月	○		○					○	
兵庫県	教職員の勤務時間適正化推進プラン	2017年４月	○	○							
兵庫県	働きがいのある学校づくりに関する方針	2020年４月	○								
奈良県	学校における働き方改革推進プラン	2019年12月	○	○		○					
和歌山県	教職員等の働き方改革推進プラン	2021年４月	○	○	○					○	
鳥取県	新 学校業務カイゼンプラン	2022年４月	○	○	○						
島根県	教職員の働き方改革プラン	2019年３月	○	○	○			○		○	
岡山県	学校における働き方改革重点取組	2022年４月	○	○	○						
広島県	学校における働き方改革取組方針	2020年３月	○		○	○					
山口県	学校における働き方改革加速化プラン	2021年７月	○	○	○						
徳島県	とくしまの学校における働き方改革プラン（第２期）	2021年３月	○	○	○						
香川県	〈第４期香川県教育基本計画「学校における働き方改革の推進」〉	2021年10月	○		○					○	
愛媛県	学校における働き方改革推進方針（第２期）	2022年３月	○	○	○		○	○	○		○
高知県	〈第３期高知県教育振興基本計画「学校における働き方改革の推進」〉	2022年３月	○	○	○						
福岡県	教職員の働き方改革取組指針	2021年３月	○	○	○						
佐賀県	学校現場の業務改善計画	2019年11月	○	○	○						
長崎県	長崎県立学校における業務改善アクションプラン	2021年３月	○		○						
熊本県	熊本県の公立学校における働き方改革推進プラン	2020年８月	○	○	○				○	○	
大分県	〈大分県長期教育計画―「教育県大分」創造プラン2016改訂版「信頼される学校づくりの推進＞教職員の意識改革と資質能力の向上＞学校における働き方改革の推進」〉	2020年３月	○	○							
宮崎県	学校における働き方改革推進プラン（改訂版）	2021年３月	○	○	○		○	○			
鹿児島県	学校における業務改善アクションプラン	2019年３月	○	○	○		○				
沖縄県	沖縄県教職員働き方改革推進プラン	2022年３月	○	○	○						
札幌市	学校における働き方改革に向けて（指針）	2020年６月	―	○							
仙台市	教職員の働き方改革取組指針	2022年５月	―	○	○					○	
さいたま市	さいたま市立学校における働き方改革推進プラン（令和４年度版）	2022年４月	―	○	○						
千葉市	学校における働き方改革プラン	2022年３月	―	○	○						
横浜市	横浜市立学校　教職員の働き方改革プラン	2018年３月	―	○	○		○			○	
川崎市	第２次教職員の働き方・仕事の進め方改革の方針	2022年３月	―	○	○				○	○	
相模原市	学校現場における業務改善に向けた取組方針	2019年10月	―	○	○						
新潟市	「協働」と「分担」による新しい学校生活様式の創造を目指した行動計画（第３次多忙化解消行動計画）	2021年３月	―	○	○					○	
静岡市	学校における働き方改革プラン	2022年４月	―	○	○						
浜松市	学校における働き方改革のための業務改善方針	2020年３月	―	○	○		○		○		
名古屋市	〈第３期名古屋市教育振興基本計画「学校における働き方改革の推進」〉	2019年３月	―	○							
京都市	「学校・幼稚園における働き方改革」方針	2020年３月	―	○	○					○	
大阪市	学校園における働き方改革推進プラン	2019年12月	―	○	○						
堺市	堺市教職員「働き方改革」プラン "SMILE"	2020年４月	―	○							
神戸市	神戸市立学校園働き方改革推進プラン	2019年３月	―	○	○		○			○	
岡山市	〈第３期岡山市教育振興基本計画「学校園の教育環境の充実」〉	2022年３月	―	○							
広島市	広島市の学校における働き方改革推進プラン	2021年11月	―	○	○					○	
北九州市	学校における業務改善プログラム（第２版）	2019年３月	―	○	○						
福岡市	福岡市立学校における働き方改革推進プログラム	2022年４月	―	○	○						
熊本市	第２期　学校改革！教職員の時間創造プログラム	2022年３月	―	○	○					○	

（2022年７月10日時点、ウェブ上で検索、〈　〉は教育振興基本計画等で働き方改革に言及しているもの）

没頭していることなど）、教職員が学び続けて公私ともに豊かな生活を送ることなどに関連する目標を掲げている自治体はごく少数です。取組内容としてそうした点に触れている計画は少なくありませんが、目標や進ちょく確認の指標として、掲げている例はたいへん少ない状況です。

過労死等の防止を明記しているのは、たった1県

しかも、**各県の計画等で過労死等の防止を掲げているものは、ほとんどありません**でした（「過労死ライン」などの記載は除く）。

例外的だったのは、1つの県のみ[*1]。岐阜県において「過労死等を防ぎ、勤務時間を意識した働き方を浸透させるため、教職員自身が時間の使い方を見直すための研修や啓発活動（教職員の勤務実態等に関する情報の提供〈2022年は「働き方改革メールマガジンの配信等」〉）を実施する。」との内容が「教職員の働き方改革プラン2019」から出てきます（プランは毎年改訂）。岐阜県では特別支援学校の講師が自死した事案があったこともあって、過労死等の防止を他県よりは意識している模様です。ですが、岐阜県の前述の記述も、個々の教職員の意識改革といった個人の努力に訴えかけるものが多

*1　福岡県の「教職員の働き方改革取組指針」においても過労死等の防止についての記述はありますが、一般的な説明にとどまっていて、なんら具体策は明記されていません。引用します。「近年、全国の学校現場で教員が、長時間勤務を原因として公務災害に認定される事例も発生しています。また、過労死に認定されると、公務災害に認定されることはもちろん、使用者（県）が安全配慮義務違反により、損害賠償請求され、民事上の責任を負う場合もあります。管理職として、このような事態が生じないよう、教職員の長時間勤務の改善に取り組んでいただく必要があります。」

く、組織立った過労死等の防止にまでは言及されていません。

各県のプランの問題点

各県で学校の働き方改革について計画が作られ、多くの関係者が共に手を携えることはよい動きではありますが、まだまだ課題があります。ここでは、二つの観点から整理します。

第一に、各学校では、ともかく時短すればよい、在校等時間を守ればよいという、手段の目的化が起きかねません。働き方改革の趣旨や理由はどこまで教職員に伝わっているでしょうか。

現に、在校等時間の過少申告や虚偽申告まで横行するようになっています（第3章を参照）。カタチだけ目標達成したかのように見せかけたところで、事態はよくなりません。

第二に、教職員の健康とウェルビーイングが軽視されています。ウェルビーイングは多義的な言葉で「幸せ」などと訳されることもありますが、要するに、精神的にも肉体的にも健康で、よい状態でいることを指します。

文科省や各県等のプランで、学校の働き方改革は、学校の教育力を向上させるためである、言い換えれば、教員がもっと授業やその準備、児童生徒のケアなどに向き合えるようにするという側面ばかりが強調されると、いつまでも多忙は解消しません。むしろ、子どものために、どんどん学校、教師の業務は増え続ける危険性もあります。

つまり、**教職員のウェルビーイングを軽視した計画では、先生たちの過労死等を解消する上では、まったく不十分**です。児童生徒にもっと向き合いたいと思う先生の過労死等を防ぐことができないからですし、そうした献身性に甘えてきた（適切な環境整備や支援などの予算化を見送ってきた）教育行政に付け入る隙を与えるからです。

私たちは、学校は子どもたちのウェルビーイングを高める機関だと考えていますが、そのためには教職員のウェルビーイングも良好である必要があります。

給特法には問題も多くありますが、第6条第2項で、教育職員に超過勤務させる場合を定める政令では「教育職員の健康と福祉を害することとならないよう勤務の実情について十分な配慮がされなければならない」としていることは、評価できると思います[*2]。つまり、教員の健康を法は重視しているのです。教育政策も学校の働き方改革も、この原点に立ち返る必要があるのではないでしょうか。

さて、各県等のプランを調べてみて、例外的だったのは、愛媛県と長野県です。愛媛県では、「学校における働き方改革推進方針」の中で、五つの指標が明記されています。

(1) 時間外勤務月80時間超及び45時間以内の教師の割合
(2) 教師自身の学びの実践（専門書を読む、他校の見学、講座等への参加など）
(3) 教職員のやりがい（ワーク・エンゲイジメント）

＊2　たとえば、修学旅行については、勤務時間の割振りを行っており、かつ超勤4項目に含まれているからといって、引率する教員に過度な負担を強いてよいものでしょうか。夜間の見回りなどは当然という姿勢では、教員の健康と福祉を害している恐れがあり、給特法の趣旨に照らしても問題があると、私たちは考えます。

(4)　教職員の抑うつ傾向（メンタルヘルス）
(5)　教職員の主観的幸福感（ワーク・ライフ・バランス）

単に時間だけを強調せず、教職員を大事に思う姿勢がプランから推察できます。

実は、関連した動きは50年以上前からあります。

１９６６年、ユネスコが策定した「教員の地位に関する勧告」では、以下の内容が盛り込まれています（文科省ＨＰでの仮訳を参照し、一部抜粋）。

6　教職は、専門職と認められるものとする。

8　教員の勤務条件は、効果的な学習を最大限に促進し、かつ、教員がその職務に専念しうるようなものとする。

63　いかなる指導監督制度も、教員の職務の遂行に際して教員を鼓舞し、かつ、援助するように計画されるものとし、また、教員の自由、創意及び責任を減殺しないようなものとする。

こんにちにも重要な意味のある内容だと思います。言い換えれば、教職員の健康・ウェルビーイングを学校の働き方改革、教職員の勤務環境の整備などの主眼に置いておく必要があると、私たちは考えます。

「厚生労働省的働き方改革」と「文部科学省的働き方改革」の違い

私（工藤）は過労死を考える家族の会で多くの労災事案に触れ、また過労死等防止法に関わる中で、教師の働き方では、こんなに過労死ラインを超えて働く先生が多いのに、なぜ「過労死等をなくす」とか「命と健康を守る」という視点が出てこないのかいつも疑問でした。

そして私の中で学校の「働き方改革」と民間の「働き方改革」の目的は根本的に違うのでは、と感じ、私の造語ですが、「厚労省的働き方改革」の目的と「文科省的働き方改革」の目的を次のように整理してみました。

厚労省的目的では「人たるに値する生活」を送るために、労働基準法では賃金や労働時間など最低限の労働条件を細かく規定しています。過労死等防止法で定められた調査研究の対象として、長時間労働や過労死等が多い業種の一つとして教職員が重点職種となっています。また、働き方改革関連法では、勤務間インターバル制度の導入が企業等の努力義務になっており、命と健康を軸に、ワークライフバランスを大切に過労死等のない働き方を目的としています。

一方、文科省などの文書（通知文や中教審答申など）では「子供たちに対して効果的な教育活動を行うことができるようになる」ため、「持続可能な学校教育の中で教育成果を維持し、向上させるため」の働き方が主な目的とされてきており、教師の過労死等をなくすことをはじめ、命と健康を守る働き方への考えや投資はほとんど見られません。

2019年1月の中教審の答申で初めて「教師の過労死等の事態は決してあってはならない」という

文言が入りましたが、その後の各都道府県、指定都市の「学校の働き方改革プラン」の目的にこの文言が入っているところはひとつもありませんでした。

そもそも、学校の働き方改革の目的はなんでしょうか。

もちろん、学校をきちんと運営すること、子どもたちに対して効果的な教育活動を行うことは大切ですが、そこに**厚労省的な考え方、「教職員の命と健康を守る」という目的が入らなければ**、子どもたちのため、あるいは学校のためにはどんなに仕事をしてもよいというロジックになってしまいます。第3章で紹介したブラック&ホワイト企業の分析からも示唆されることです。

教育活動の維持・向上ばかりを目的にしてきたのが昨今の教育現場であり、学校、教職員の行う業務はどんどん増え、やらざるを得ない状況に陥っています。

学校を運営する教職員が心身ともに健康でなければ、担い手もいなくなり、健全な運営はできません。子どもたちのために一番大切なことは、目先の業務より、もっと大きな意味で教育の質を高めることであり、教職員の質を担保し、心理的安全性の高い（児童生徒にとっても教職員にとっても）、安全な学校をつくっていくことのはずです。そのどれもが教職員の心身の健康がなければ成り立ちません。

まずは目的をどこに置くかが大切です。

こうした本来の目的、大義を関係者がきちんと理解、共有できれば、何が必要で何を捨てればよいかがおのずと見えてくるはずです。今、この目先の業務がどこまで必要なのかの判断ができると思います。

業務の精選、削減はどうしたらよいかと悩まれる方は多いと思います。

ぜひ行政も学校現場も考えていただきたいのは、それが「教職員の命と健康や生活」を犠牲にしてまで行う仕事かということです。

どうしても大切な業務であれば、命と健康、家庭生活を奪わない程度にすることです。

それが教師の質を維持し、持続可能な教育活動をするために欠かせないことではないでしょうか。

コロナ禍で市民の就労意識や生活意識は大きく変わり、民間では働き方が大きく変化しています。テレワーク、ジョブ型雇用、副業兼業、パラレルキャリアなどなど、世の中は変わってきています。

また、内閣府の調査[*3]では、コロナ禍を経て仕事への向き合い方やワークライフバランスに対する意識の変化について「感染症拡大前より生活を重視するように変化」した人が50％に及び、また「社会とのつながりの重要性をより意識するようになった」人が39・1％、「仕事以外の重要性をより意識するようになった」人が31・5％でした。

もちろん、業種により意識の違いはありますが、これから変化する世の中で活躍していける子どもたちを育てる先生が、これまでどおりの意識や働き方に疑問をもたなくてよいのかと思います。

＊3　内閣府「新型コロナウイルス感染症の影響下における生活意識・行動の変化に関する調査」2020年6月

まだまだ過労死ラインを超えるほどの長時間労働の教員は多いこと、精神疾患での休職者が約5000人のまま高止まりしていることなどのニュースを見るたびに、教員の働き方は夫が他界した15年前から、あるいはもっと前から変化していないと思うとともに、なぜ変えようと思わないのかと、とても不思議に思います。

学校の働き方改革の目的に厚労省的目的意識がもっと浸透しないと、抜本的な改革は進まないと思います。

1－2　学習指導要領や入試で求められる学習内容の精選、部活動の地域展開など、児童生徒と教員の大幅な負担軽減

過労死等が起きてしまうほどの業務負荷が大きい状態を解消するためには、基本的には、二つの方向性が考えられます。ひとつは、**学校の役割と教師の役割、業務を減らす**こと。もうひとつは、その業務を担う人を増やすことです。

前者については、小学校、中学校、高校ともに、近年は学習指導要領の改訂に伴い、学習内容の増大と高度化が進んでいることを重く見るべきです。「**カリキュラム・オーバーロード**」とも呼ばれる問題です＊4。

学習指導要領で求める学習内容の精選を進め、2～3割カットするくらいの大胆な改革が必要ではないでしょうか。これは、高校入試、大学入試において求められる学習内容も減らすことを意味します。

学習内容を精選する改革は、後で述べる教員定数の改善などよりもはるかにコストがかかりません（検討には時間と手間がかかりますが）。

もちろん、学習内容を減らすことには大きな反対意見や抵抗もあると思います。たとえば、「小学生や中学生が習ってきた基礎的なところを削って大丈夫か、学力低下が起きるのではないか」という意見や懸念です。かつての「ゆとり教育」が「分数のできない大学生」などと批判されたことと似ています。また、学習内容を精選せよという総論には賛成であっても、具体の各論となると、「いや、やっぱり、これは重要な単元だから外せない」と言う人も出てくると思います。

ですが、ＯＥＣＤのＰＩＳＡ調査などを見ても、学習内容の一部を削ると学力低下を招くというエビデンスはありません[5]。中教審の委員や教科調査官（学習指導要領の改訂に関わる教科の専門家）は、そうしたことを含めて検証しつつ、次の点などを検討するべきではないでしょうか。

・その教科での資質・能力を高める上で、優先度を落とすところは本当にないのか。
・これだけインターネットなどで大量の情報にアクセスが容易な時代、授業で扱うべきことは精選でき

＊4　オーバーロードは、過積載や過剰負担という意味。カリキュラム・オーバーロードとは、カリキュラムにおいて、学校や教師、生徒に過大な負担がかかっている状態を指します。なにをもってオーバーロードと評価・判断するかは難しい問題ではありますが、オーバーロードが生じると、「浅く、広く」学習して終わってしまうなど、深刻な問題が生じます。白井俊「カリキュラム・オーバーロードをめぐる国際的な動向」、奈須正裕編著『「少ない時数で豊かに学ぶ」授業のつくり方　脱「カリキュラム・オーバーロード」への処方箋』（ぎょうせい、２０２１年）２〜10頁を参照。

＊5　詳しくは妹尾昌俊『教師崩壊』（ＰＨＰ新書、２０２０年）第6章に記載。

るのではないか。

・「個別最適な学び」と言いながら、小学生から高校生（特に普通科）まで、ほとんどの児童生徒が同じ内容を学ぶべきという計画となっていて、教科等を選べない。すべての児童生徒が学ぶべき内容と、関心がある児童生徒が発展的に学べばよい内容とをもっと分けてもよいのではないか。

現役教員の中には、「小学校や中学校は午前中で終わるくらいでもいいのではないか」というアイデアを寄せる人もいます。現行では、小学5年生あたりから週30時間近くあるわけですが、教員だけでなく、子ども目線で見ても、大きな負担です。これが午前中で終わる、週20時間（4時間×５日）となれば、遊びや課外活動、自由な探究的な学びを進められる子どもは増えます。

もっとも、家庭任せ、本人任せではしんどい子たちもいますので、放課後の受け皿（学童保育など）や体験的な学びの場を官民で増やしていく努力も必要だと思います。

なお、現行では、文科省は標準時数として年間に最低実施しなければならない授業時数を規定していますが（たとえば、小学校高学年は年間１０１５単位時間）、何時間やったからその学習内容がマスターできると一概に言えるものではありません。むしろ、国は時数の上限のみを規定し、国が定める標準よりも少ない授業時数でも習得が進むならよしとすることが重要だと思います。

部活動の地域移行で留意すること

次に、これまで見てきたように、教員の負担は授業関連（授業時間やその準備、成績処理など）だけではありません。中学校や高校で特に負担が重い部活動については、現在、スポーツ庁などでも検討が進められていますが、地域のスポーツ団体、企業、NPO、保護者団体などに移行していくこと（地域展開）が重要と考えます。

ただし、国の方向性としては、希望する教員は引き続き部活動顧問を兼職兼業として実施できるようにしています。ですが、これでは、生徒や保護者の要望を受けて、教員が顧問を断りづらくなる危険性があります。また、教員の連続勤務が増える割には、地域主体の活動となることで、労務管理が甘くなる可能性があり、過労死等の防止の観点から望ましいとは言えません。部活動に関わりたいという教員の思いは大切にしたいところですが、**授業関連の仕事やその他の業務が多いうちは、原則、兼職兼業は認めないほうがよい**と、私たちは考えます。教員の本務として部活動はメインではないからです。仮に兼職兼業を認める場合であっても、地域移行後の活動も通算して、在校等時間のモニタリングに含めることが必要だと思います。

茨城県教委で部活動改革について議論してきた有識者会議は、22年5月に提言書をまとめましたが、そこでは、教員が地域の指導者として兼ねる場合、超過勤務と合わせて45時間を超えないようにすることを盛り込んでいます。

過労死等を起こすほどの多忙の要因は、授業関係や部活動だけではありません。ここでは、ほかの業務についてはこれ以上立ち入りませんが、業務を減らすことなく、「人をもっとほしい」と言うのは、財務省や多くの納税者は納得しないと思いますし、少々人を増やしたところでまた忙しくさせてしまうのであれば、抜本的な改善にはなりません[＊6]。

１－３　義務教育標準法を改正し、教員の授業負担軽減や少人数学級を推進

第3章で述べたとおり、とりわけ小学校においては、持ち授業時数は多く、精神的にもゆとりがないノンストップ労働が続いています。また、小学校、中学校、高校においては、1学級最大40人（小学校は最大35人）では、個別最適な学びや探究的な学びが推進しにくいなどの問題もあります。

義務教育標準法を改正し、**小学校、中学校において、授業準備時間や事務作業、研修等が勤務時間内で終えられるような、教員定数（標準）を決める算定式にする**ことを提案します。少なくとも、現行の算定式における、乗ずる数を小学校において引き上げることが必要と考えます。これらは、現職教員にアンケート調査しても、非常に要望の強い内容です[＊7]。

また、特別支援学級については、現在8人の児童生徒あたり1学級（つまり9人を超えると2クラスになる）ですが、「特別支援学校でのケアが必要なほど障害や特性の強い子も通常学校に在籍するようになってきている」「最大8人もいては、なかなかケアしきれない」と述べる小学校教員等も多くいます。この基準を見直すこと（たとえば4人あたり1学級とするなど）が必要と考えます。

特別支援学校においても、多くの教員は休憩も取れないままで、精神的に張り詰めた勤務が続いています。教員配置の制度、あり方を見直すことが必要です。

１－４　教員以外にケアやコンサルテーションを専門とするスタッフを増員

教師の過労死等の事案について、多重債務者のごとくという比喩を何度か使いましたが、授業以外の多種多様な仕事が重なっていることにも注目する必要があります。

教員は基本的には授業を中心とするティーチング、学びの専門家として活躍してもらい、福祉的なところ、ケアは別のスタッフを常勤職として置いていくといった、分業と協業をもっと進めていく必要がある、と私たちは考えます。熊本市の遠藤洋路教育長もこれに近いことを提案されています*8。

現在、教員が行っている仕事のうち、必ずしも教員でなくてもできることは多々あります。具体的には、児童生徒の不安や悩み、心の相談については心理カウンセラー、進路に関する相談・支援はキャリア・コンサルタント、家庭の問題についてはスクール・ソーシャル・ワーカーや社会福祉士、ICT関連の保守管理、トラブル解決はICT支援員や外部委託したコールセンター、給食や休み時間の見守りや掃除については外部委託や地域人材の参画など。こうして列挙すると、これらの多種多様な仕事を、現行では学級担任らがほぼワンオペで担っている場合もあることに、あらためて気づかされます。

---

*6 ほかの業務の精選、見直しについては、たとえば、妹尾昌俊『「忙しいのは当たり前」への挑戦』(教育開発研究所、2019年)などで議論、提案しています。
*7 たとえば、妹尾が2019年12月~20年1月に実施した「教職員の学びと勤務についての調査」
*8 遠藤洋路『みんなの「今」を幸せにする学校——不確かな時代に確かな学びの場をつくる』(時事通信社、2022年)230~234頁

１−５　新採教員に学級担任や部活動顧問を課さない、研修充実期間を設ける

新採1年目の教師や採用されてから数年の若手（講師を含む）の自死が多く起きています。上記の1−1～1−4の政策は、実現までに時間がかかるものが多いですが、すぐにでもできることとしては、新人らになるべく部活動顧問はお願いしない、ということです。授業準備や学級経営を学ぶだけでも大変だからです。

また、小学校等の教員定数が改善しないと難しいことですが、新採から数年目までの若手は、学級担任にせず、副担任として、先輩の様子を見ながら学ぶ期間（研修充実期間とでも呼びましょうか）を設けることを提案します。

１−６　教員不足解消に向けた抜本的な対策の実行

ところが、現状を見ると、教員定数の改善など夢のまた夢で、本来配置されるべき人数すら欠員になっている、教員不足が各地で起きています。教員不足が起きると、その職場の教員が持ち授業を増やしたり、教務主任や教頭職といった業務負担が重い人が学級担任などを兼務せざるを得ないため、いっそう多忙となったりします。**教員不足は教育現場をさらに疲弊させ、過労死等のリスクを確実に高めています。**

教員不足により一部の授業がストップする、自習になるといった事態も起きています。もちろんこれは避けるべきことですが、授業に穴を空けてはならないことを至上命題にするあまり、カバーに入る先

生の過労死等リスクを無視することも問題です。ある中学校教員は、教員不足のために専門外の教科を兼務するようになり、空きコマは極端に少なくなりました。専門外ですから、授業準備にも普段以上に手間、時間がかかりますが、多くは時間外です。だからといって、校務分掌や部活動が減るわけでもありません（むしろ欠員により負担増に）。多重債務がさらに重なっているかのような状態で、健康を蝕んでいます。

教員不足の背景には複雑な要因が関わっており、その解消に向けては一朝一夕にいくものではないと思いますが、社会人経験者を登用しやすくするといった、背に腹は代えられぬ的な緊急策のみでは、絶対数は足りず、限界があります。教員定数を改善して正規職の採用を増やすこと（非正規職への依存が教員不足に影響しています）や、学校の働き方改革を進めて教職志望者を増やすことなど、多岐にわたりますが、抜本的な対策を着実に実行していく必要があります[*9]。

＊9　妹尾も呼びかけ人の一人となっている「#教員不足をなくそう緊急アクション」では、さまざまな提言活動等を行っています。教員不足の実態、背景、必要な政策等についてはこの活動のウェブページ等をご確認ください。

〈2〉子どものためにも、〝自分のため〟を大切にできる学校職場づくり

2－1　校内研修等を活用した批判的リフレクションの推進

学習指導要領や部活動の大幅な見直しも、教職員定数の抜本的な改善も、実現までに何重にも高いハードル、さまざまな課題がありますし、実現できたとしても時間がかかります。各教育委員会、学校は、国の動きや改革を待つという姿勢ではなく、自分たちのできることは進める必要があります。

各学校でできることはたくさんあります。ひとつは、**校内研修や衛生委員会の場を活用して、業務の精選、削減などを進める**ことです。たとえば、多くの方が実感したと思いますが、「コロナ前まで卒業式（あるいは運動会など）の準備にどうしてあれほど時間をかけていたのだろうか」といった振り返りは重要です。その教育活動のねらい、目的に立ち返った上で、必要性の乏しいことはやめる、また別のもっといい方法がないか探すということが大切です[*10]。

校内研修は授業研究に偏っている学校が多いのではないでしょうか。授業研究ももちろん大切ですが、たまにはお休みにして、業務改善、時間創出のアイデアを出していかないと、授業改善も絵に描いた餅になりかねません。

「あれもこれも大事」という発想では、本当に大事なことを大切にできない

そうは言っても、「もう減らせることは減らした。学校には大切なことが多くて、これ以上は削れない」

とおっしゃる校長や教職員はたくさんいます。その気持ちはわからないではないですし、子ども思いの先生が多いということだと思いますが、これ以上業務は減らせないというのは本当でしょうか。**過労死等のリスクを高めてまで続ける必要がある仕事**がそれほど多いのでしょうか？

私（妹尾）は、よく温泉旅行を例にします（遊び心で〝温泉理論〟と呼んでいますが、だいそれた理論ではありません）。

読者のみなさんが今日温泉地に旅行に来たとしましょう。あと半日自由時間があります。目の前には魅力的な温泉がたくさん。松の湯は肩こりに効きます。竹の湯は疲労回復効果が抜群です。梅の湯は美容によくて、スベスベのお肌に。などとそれぞれに素晴らしい効用があるとしても、一日に四つも五つも温泉につかったらどうなりますか？

のぼせてしまいますよね。つまり、教育上の効果だけを強調して意思決定したり、運営したりすると

＊10　たとえば、卒業式であれば、保護者を感動させることが目的、主眼ではなく、卒業生の門出を祝福することが大切ですから、過度な演出は必要ではありません。また、在校生が「お兄ちゃん、お姉ちゃん、ありがとう」などと呼びかけをする学校もありますが、感謝は強要されるものではありませんし、式典でなくとも、縦割りの交流の時間を設けて、「ありがとう」と言いたい子は言えばよいし、「また遊んでね」と言いたい子はそれでよいのではないでしょうか。このように、負担軽減の観点からだけでなく、教育活動や事務仕事のねらい、目的から見つめなおすことで、結果的に教職員や児童生徒の負担軽減にもなることは多くあります。後述の修学旅行も同様です。物事の根本、前提から見直すことは「批判的リフレクション」と呼ばれます。

いうことでは不十分だし、危険なのです。

負担や時間のことも考えなければいけません。

こんな基本的なことは、旅行をするときなら当たり前です。ですが、なぜか、学校現場や教育行政では、「子どもたちのために」という思いや声で、負担や時間を考慮する重要性がかき消されてしまうのです。

時間が限られている中で、**児童生徒のためになるものの中から選択していかなくてはなりません。**そうしないと、疲れてしまって（＝温泉でのぼせてしまって）、本当に時間をかけたいことに十分な時間とアタマを使えないことになってしまいます。

２－２　教職員の健康を害する修学旅行や研究授業は、ストップする

教師の過労死等の１００件近いデータや個別の事案分析からは、修学旅行や研究授業（公開の授業研究大会等）が、教師の疲労蓄積に相当悪影響を与えるリスクが示唆されました。

修学旅行は、多くの児童生徒にとって楽しみにしている大きな行事のひとつです。しかし、だからといって、命を削ってまで、実施するものでしょうか。

そもそも、修学旅行は本当に「修学」になっているのでしょうか[*11]。遊びにも学びが多いことは理解していますが、テーマパークや遊園地などに行くなら、それは友人や家族と行けばよいのではないでしょうか。ほぼ旅行会社のプラン通りに進めて、多少の自由行動はあったとしても、児童生徒の主体性が発揮される企画・運営になっているでしょうか。

コロナの影響で修学旅行が中止、変更となる例は相次ぎましたが、感染症対策の観点から見直すだけでなく、教育上のこんにち的な意義から見つめなおす必要がある、と私たちは考えます。

仮に教育上の意義が大きいとしても、引率する教員等の健康と福祉にもっと配慮がなされるべきです。深夜の見守りなども当然という姿勢ではなく、他の学年の児童生徒は休みにして、多くの教職員で分担できるようにしたり、旅行会社への委託費を増やしてスタッフを派遣してもらったりすることも考えるべきです。

また、研究授業については、準備にかけている時間があまりにも莫大な例があります。もっと普段の授業を見て学び合うなどにして、過度な負担がかかるような授業研究はいったん中止してはいかがでしょうか。

2-3 業務を洗い出し、必要性や役割分担を見直す（診断なき業務改善はない）

私（妹尾）は学校業務改善アドバイザー、コンサルタントとして、かなりの学校を見てきましたが、多くの学校で決定的に不足していることがあります。それは、「診断」です。**過重な業務内容や多忙の内訳を見て、どこにメスを入れるべきか、考える**プロセスです。

＊11 妹尾昌俊Yahoo!ニュース記事（2020年10月4日）「思い出づくりのためだけなら、修学旅行はいらない コロナ禍で修学の意味を問いなおす」を参照。修学旅行に伴う家計負担の重さも大きな問題です。

医者であれば、患者の話を聞いたり、診察や検査をしたりして、どこが病気の原因か診断するのは当然ですよね。でも、学校では診断することなく、思いつきで「週1回はノー残業デイ」、「会議の短縮をしよう」と動いていることも少なくありません。

ある公立中学校では、校務分掌ごとに、いつ、だれが、どんな業務をしているのか洗い出し、「業務プロセスシート」という共通フォーマットで整理しました[*12]。たとえば、体育祭・運動会の準備であれば、開催日程の検討、プログラムの企画、物品の調達、生徒会との連携、校庭のライン引きなど、細かな業務ごとにだいたい標準的にどのくらいの時間がかかるかも記入しました。こうして、仕事を「見える化」して、職員間で業務負担の不均衡が大きいことを可視化したのです。

たいてい負担の重い人（教頭、○○主任など）は、「ほかの人とは分担しづらい仕事が多い」と言うのですが、細かく分解、分類してみると「その人でないとできないわけではない」ことも多いと気づきます。その中学校はそうして分担の一部を年度途中に変更しました。特に教頭の負担軽減が進んだそうです。

また、業務プロセスシートがあると、初めて担当する人でも、いつどんな仕事があるか見通しが立つので、便利です。引き継ぎ資料を兼ねているわけです。

本書で分析したように、とりわけ主任層や教頭職などは、過労死等のリスクが高い日々を送っていますし、実際に起きています。働き方改革を呼びかけているので、あるいは教員不足などのために、こうした人たちが周りに仕事を振りづらくなってもいます。校長としては、ついつい、親切で仕事を引き受けてくれる人、ちゃんとやってくれる人に重たい分掌等を任せがちです。しかし、これでは、献身的な先生ほど、倒れてしまいます。

業務プロセスを洗い出し、改善アイデアを出していくことを、夏休み、春休み中などに実施してはいかがでしょうか。

そこでは、必要性が低いものはやめたり、非効率な手順や手続きを変えたりする発想も重要です。また、ひとつの学校だけでなく、複数校や自治体全体の動きにできるとなおいいです。異動もありますし、複数校で似た問題が起きているときも多いからです。

2-4 勤務間インターバル制度の導入や有休取得最低日数の義務化により、学校から離れる時間をつくる

教育委員会にできることもたくさんあります。

教員の仕事のなかには授業準備をはじめとして、時間が許すかぎりどこまでやってもキリがないと思われるものもありますし、子どもたちのためにがんばろう、と思う先生は多いです。しかし、そうした結果、過労死等のリスクを高めてしまうことを本書で何度も解説してきました。

＊12 大根誠「学校業務を『見える化』する手法の開発と実践～業務プロセスシート使用における校務分掌適正化の検証～」（金沢大学大学院教職実践研究科学校マネジメントコース、2018年）という実践論文がウェブ上でも公開されていますので、ぜひ参照してください。https://www.ishikawa-c.ed.jp/content/houkoku/daigakuin/daigakuin2018/07.pdf（2022年7月8日確認）

そこで、教育委員会としては、**半ば強制的でも、教職員が児童生徒と離れられる時間を増やす施策を打つことが必要**ではないでしょうか。具体的には勤務間インターバル制度の導入や有給休暇の取得促進などが選択肢です。

学校は置き去りにされている感もありますが、日本全体としてはすでに動きつつあります。２０２１年７月に過労死等防止対策推進法に基づく大綱が改正されました。その大綱の数値目標は図表５－２のとおり、「週労働時間40時間以上の雇用者のうち、週労働時間60時間以上の雇用者の割合を５％以下（２０２０年実績は９・０％）」、「勤務間インターバル制度を導入している企業割合を15％以上（２０２０年実績は４・２％）」、「年次有給休暇の取得率を70％以上（２０１９年実績は56・３％）」などとなっています。

先ほど１－１で「厚生労働省的働き方改革」と「文部科学省的働き方改革」の違いを比較しましたが、厚労省的働き方改革では、このように人々の健康と命を守る視点がたいへん強調されています。

また、２０１６年に実施された教員勤務実態

図表５－２　過労死等の防止のための対策に関する大綱の数値目標

過労死をゼロとすることを目指し、以下の数値目標を設定。
公務員についても、目標の趣旨を踏まえ、必要な取組を推進。

新大綱（令和３年７月30日閣議決定）
1　週労働時間40時間以上の雇用者のうち、週労働時間60時間以上の雇用者の割合を５％以下（令和７年まで）
2　労働者数30人以上の企業のうち、 （1）勤務間インターバル制度を知らなかった企業割合を５％未満（令和７年まで） （2）勤務間インターバル制度を導入している企業割合を15％以上（令和７年まで） 特に、勤務間インターバル制度の導入率が低い中小企業への導入に向けた取組を推進する。
3　年次有給休暇の取得率を70％以上（令和７年まで）
4　メンタルヘルス対策に取り組んでいる事業場の割合を80％以上（令和４年まで）
5　仕事上の不安、悩み又はストレスについて、職場に事業場外資源を含めた相談先がある労働者の割合を90％以上（令和４年まで）
6　ストレスチェック結果を集団分析し、その結果を活用した事業場の割合を60％以上（令和４年まで）

※数値目標の４～６については、第 14 次労働災害防止計画において新たな数値目標が設定された場合には、その目標の達成に向けた取組を推進。

出所）厚生労働省「『過労死等の防止のための対策に関する大綱』の変更について」

調査や2021年に実施された内田良先生の調査[*13]などでは、学校では週60時間以上働いている人がまだまだたくさんいます。先ほど述べた**民間企業等の実績値と目標値と比べると、学校はあまりにもかけ離れてしまっている**ことにお気づきになりましたか？

眠くてよい授業やケアができるわけがない

管見のかぎり、学校で勤務間インターバルを導入しているところはほとんどありません（妹尾の知人の小学校でトライヤルしている例はあります）。制度を知らない教育関係者も多いのではないでしょうか。

勤務間インターバル制度とは、勤務の終了から翌日の始業まで連続して一定の休息時間を取り、生活時間や睡眠時間を確保するもので、長時間労働の防止やワークライフバランスのための肝になります。**EUでは最低連続11時間を義務化**しており、日本でも11時間を推奨しています。

ベネッセの2016年の調査（第6回学習指導基本調査）によると、小・中・高の教員の平均的な出勤時間は朝の7時半ごろ、退勤時間は19時過ぎ～20時近くです。つまり、時計の針が一周するくらい在

＊13　内田良「学校の業務に関する調査　調査報告［第2報］（2022年5月13日記者会見）を参照。この公立小・中学校教員へのウェブ調査（回答者数924人、2021年11月実施）によると、持ち帰り仕事も含む1週間あたりの時間外業務時間が20時間を超えている人は、小学校教員の約60％、中学校教員の約74％でした。これは月あたりに換算すると、過労死ラインを超える水準の人たちです。調査の方法とサンプル数が異なるので、単純比較はできませんが、この比率は、2016年の教員勤務実態調査で持ち帰りを含んでラフに推計したものとほぼ同じです。

校しているということです。これは同じ時期に実施された教員勤務実態調査でも示唆されます。
これで自宅残業がなければ、勤務間インターバルはおよそ12時間前後ということになります。ところが、自宅に持ち帰って仕事をする先生も少なくありません。仮に平均的に自宅で約1時間仕事をしている場合、11時間のインターバルを取れるかどうか、難しくなってきます。睡眠時間やリフレッシュできる時間が十分に取れないまま、翌日を迎えることになります。先ほどのベネッセの調査によると、睡眠時間は小・中・高ともに6時間を切っています。

睡眠不足は、自律神経やホルモン系へ影響し、私たちが自分でコントロールできない血圧や心臓の動き、体温などにも影響します。睡眠が足りないと、人は怒りっぽくなることなどもわかっていますから、児童生徒にも悪影響があります（第４章１７８頁参照）。

また、これまで紹介した過労死等の事案では、睡眠不足から疲労が回復しなかったり、精神的に追い詰められたりするケースも多いです。

「少々睡眠時間は短くても大丈夫」、「仕事も好きだから長時間労働も大丈夫」と言っても、知らないうちに健康が損なわれ、多重に要因が重なれば過労死等につながります。

あるいは、もっとシンプルに申し上げると、眠くていい授業ができるでしょうか？　子どもたちのケアができるでしょうか？

公立学校では時間外の在校等時間の上限が月45時間、年間３６０時間となっています。単純計算すると、1日の残業は2時間くらいまでです。この水準でちゃんと仕事が終わるなら（自宅仕事もなく）、勤務間インターバルを入れなくてもよいでしょう。しかし、実際は、これまで述べてきたように、過少申告などもありますし、自宅への持ち帰りが増えている先生もいます。

こうしたなかでは、真剣に勤務間インターバル制度なども採り入れながら、長時間労働を抑制して、きちんと睡眠時間をとること、そして生活時間をつくることを習慣づけることが必要ではないでしょうか。

健康とリフレッシュ、視野を広げるためにも、しっかり休む

「休むのも仕事のうち」とはよく言われることですが、先生たちの健康保持のためにも、また学校以外のさまざまな経験などから視野を広げるためにも、教職員には、児童生徒からたまには離れて、休暇を楽しんでほしいと思います。

教員勤務実態調査（2016年）によれば、2015年の有休取得は、年10日以内という人が小学校教員の半数以上、中学校教員の約7割であり、10日も20日も余らせて、捨てているのが実情です（図表5－3）[*14]。毎日授業があるなか、代わりに入ってくれる先生も少ないので、有休を取って自習ばかりさせるわけにもいかない、と言うのです。

＊14　臨時的任用教員（常勤講師）など非正規雇用の場合などで、年休が少ない人もいることには注意が必要です。

この調査のときよりも教員不足が深刻化している地域、学校もありますから、昨今はさらに有休を取れなくなっている可能性も高いです。それどころか、土曜授業を実施している地域では、その振替すらきちんと取れていないという声を多く聞きます。

ここでも、過労死等防止大綱で「年次有給休暇の取得率を70％以上」という目標からはほど遠いのが公立学校の現実です。なお、私立学校は状況がよいのかと言われると、必ずしもそうではありません。土曜に正規の授業があるところは多いですし、部活動に熱心な私立も多いです。休日は公立よりも少ない先生も多いかもしれません。

やはり、**教職員がある程度遠慮なく有休を取りやすくするような人的配置**（1－3なども参照）**と方策が必要**だと思います。なお、ある小学校は、計画年休と呼んでいますが、あらかじめ有休を取りたい予定日を分散的に入れるようにして（どこかの日に多数の職員の有休が集中すると、学校業務としては困るため）、誰もが取得しやすいように促しています。

図表5－3　前年1年間に取得した有休休暇の日数

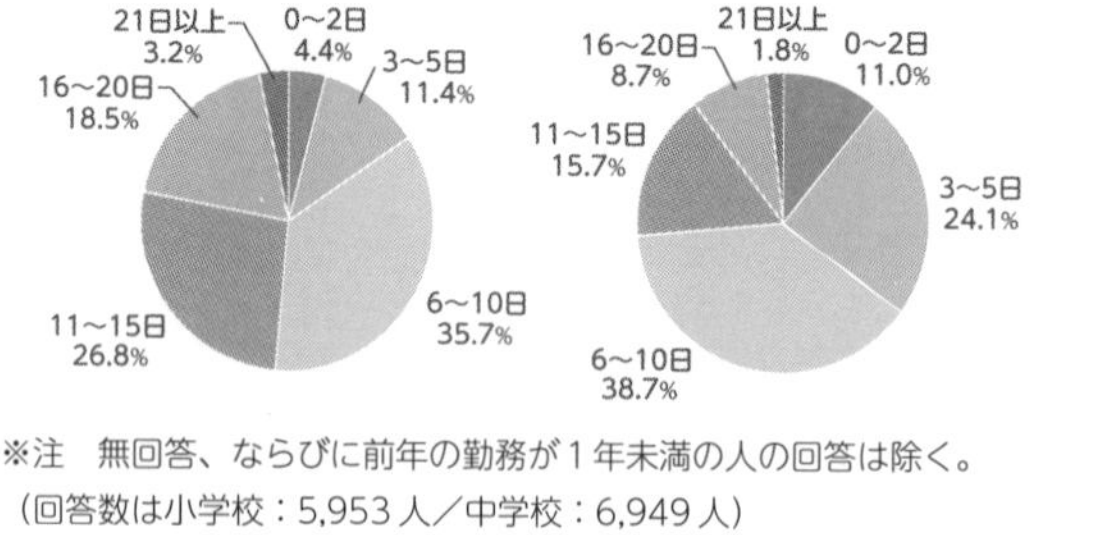

※注　無回答、ならびに前年の勤務が１年未満の人の回答は除く。
（回答数は小学校：5,953人／中学校：6,949人）

出所）文部科学省「教員勤務実態調査（2016年実施）」をもとに作成

2－5　メンタル不調への早めの相談、支援を可能とする保健師らによるサポート体制の構築

メンタルヘルスの不調などの際には、重くなってから専門医に相談、受診するのではなく、早めに相談し、対処することが大切です。ところが、現実には、忙しい毎日のなかで、先生たちはつい病院に行くのを後回しにしがちです。また、第4章の大石先生との意見交換の中でも解説されていますが（203頁）、精神科医と言っても、さまざまな方がいますし、学校のことをよく知っている人とそうではない人がいます。適切な医師に受診することが重要です。

そんななか、相模原市が導入しているように、**保健師にまず相談できる体制を整え、その保健師がその人の症状や悩みに応じた適切な医療機関等を紹介する仕組み**が必要だと思います。

学校の中では、多くの先生にとって一番相談しやすい人は、（人にもよりますが）おそらく養護教諭ではないでしょうか。養護教諭と保健師、精神科医等との連携体制をつくっていくことなども大切です。いずれにせよ、一人で悩まずに、学校内外で誰かに言える、頼れる先がある仕組みをつくっておくのです。

また、保護者等からの理不尽なクレームや校長等によるハラスメントについても、教職員が相談できる先があったほうがよいです。やはり教育委員会には相談しづらいという教職員は多いです。都道府県単位などで弁護士等と契約して、相談を受けられる体制をつくること、中身によっては、弁護士等は教育委員会等に伝えて対策を促すことが必要だと考えます（後述の3－2と5－2も関連）。

〈3〉教職員の健康管理に関する校長責任の明確化、それを下支えする仕組みの構築

3－1　校長への登用、研修、人事評価における労働安全衛生の重視

第3章で述べたように、教職員の健康保持や過労死等の防止に向けては、責任の所在がはっきりしない、誰も責任を取ろうとしないという問題があります。ですが、判例では、校長に安全配慮義務があることは明白です。あらためて、校長の役割と責任について、教育関係者は共通認識をもってほしいと思います。

校長の登用、研修、人事評価の際にも、働き方改革の取り組み状況や労働安全衛生に向けた取り組みなどを重く見る必要があるのではないでしょうか。教職員の命、健康を守るというのは、校長の役割としては最重要なことです。

ただし、登用や評価の際には、その学校の在校等時間の状況といった、限られた指標、結果のみを重視し過ぎないことが重要です。なぜなら、そこだけを評価すると、在校等時間の過少申告が起きやすくなったり、さまざまな事情で多忙に拍車がかかっている学校が不利になったりするからです。たとえば、経済的な困窮世帯の多さは、同じ自治体内であっても学校間にかなりの差があります。保護者へのケアなどが必要な学校もあり、それで在校等時間が長くなっているのだとすれば、校長の評価と結びつけるのは適切とは言い難いでしょう。

在校等時間などの結果をモニタリングすることは過労死等の防止の観点からも重要ですが、結果のみ

を評価せず、取り組み、プロセスこそ評価するべきだと、私たちは考えています。

3－2　校長が適切な対応を取らない場合の救済策を併設

もちろん、校長の力量だけに頼りきるのもリスクが大きいです。残念ながら、過労自死等の事案や精神疾患となった人の事例では、校長からハラスメントを受けた、校長が適切な支援をしてくれなかったということも少なくありません。

つまり、現状の制度、仕組みでは、**校長が支援しないとき、あるいは校長が加害者となっているとき、救済できる手立てがあまりにも脆弱**です。教育委員会に掛け合っても、調査しないとわからないなどと言われ、真剣に動いてくれない例もあると聞きます。

いじめ防止対策推進法は、児童生徒がいじめの被害を受けるケースについて定めていますが、その仕組みなども参考にしながら、校長に問題があることについて、一定の信憑性のある苦情、相談があったときには、教育委員会は第三者機関を設置して、調査に当たる。そのことを法律で義務付けることも必要ではないでしょうか。

3－3　ストレスチェックの集団分析や部下評価による校長育成の推進

もうひとつ、重要なのは、単に校長の責任が重大だ、と主張するのではなく、労働安全衛生の推進に向けて、**校長を育成していく仕組み、仕掛けを整備していくこと**です。

具体的には、教育委員会（服務監督権者）は、以下のことが必要と考えます。

✓ストレスチェックの集団分析（学校ごとの分析）を行い、ストレス値や職場環境が良好な学校と、そうではない学校との違いを分析すること。
✓ストレス値等が悪化している学校には教育委員会が要因の分析、診断を行い、しかるべき指導助言を行うこと。必要な人には医療機関などにつなぐこと。
✓こうした分析・診断等を行う能力、人員が教育委員会にはないところも少なくないため、複数の自治体が協力、共同して、大学や民間事業者等による支援を受けられるようにすること。

ところで、校長の人事評価は誰が行っているでしょうか。ほとんどの自治体では、教育長が評価者となっています。ですが、数校しかない自治体ならまだしも、ある程度の規模の自治体であれば、個々の学校の詳しい様子を教育長が知るはずがありません。

教職員のウェルビーイングを大切にした学校運営ができているかどうか。そのことを一番よくわかっているのは、教育長ではありません。そこにいる教職員当事者です。であるならば、校長に対する部下評価の仕組みを採り入れて——これもストレスチェックの集団分析の活用と似ていますが——評価の悪い校長にはなんらかの背景、要因があるはずですから、教育委員会はしっかり調査することが必要だと思います。

部下評価の結果を勤勉手当などにダイレクトに反映させてしまうと、副作用や誤った運用を招きかねないリスクがあります[*15]。そうではなく、教育長が校長を評価する際の参考資料としたり、教職員の声を校長育成の糧に活用したりすることを考えるべきです。

なにも、私たちは、校長だけに問題があると言いたいのではありません。ストレスチェック等の結果が良好でないとすれば、校長個人のパーソナリティの問題などではなく、職場の人間関係が原因であったり、保護者と揉めていることが影響していたりすることも多々あります。しかし、そうした問題を含めて、学校内でよく情報共有し、支え合うことが必要ですし、うまくいかない場合は教育委員会等の支援を求めることが必要です。こうした点を含めて、校長には組織運営と安全配慮の責任者の役割がありますから、校長を育成し支える仕組みを、私たちは提案しています。

〈4〉地方公務員制度を改革し、労働基準監督が機能する体制へ

4-1 地方公務員についても労基署が監督、指導できる体制への法改正

第3章で述べたとおり、**公立学校は、労基署の管轄外**です（ただし、特別職の非常勤職員等は労基署の管轄）。国立大学の附属学校や私立学校では、労基署が調査、是正指導を行い、それが労働安全衛生や働き方改革の推進につながっている例もあります。現行のように、人事委員会ないし首長が労働基準

＊15　具体的には、校長が職員にプレッシャーをかけたり、職員が忖度したりして、部下評価で正直な回答が得られにくくなるケースが想定されます。

監督を行うというのは、実効性が期待できません。

これは総務省が管理する地方公務員制度に関わることなので、文科省や厚労省も遠慮しているのかもしれませんが、教員をはじめ地方公務員の過労死等をなくすという観点で、労働基準監督のあり方を大きく見直す時期に来ているのではないでしょうか。

現行制度でも、公立病院や公営企業は、労基署の管轄です。公立学校もこれに加える制度変更と労基署職員の増員が必要、と考えます。

４－２　小規模校においても衛生委員会の設置を推進

４－１で述べた法改正がなくてもできることもあります。労働安全衛生法上は、衛生委員会を設置するのは50人以上の事業所となっています。小・中学校などは50人未満のところも多いため、衛生委員会が設置されていないことも多いです。

とはいえ、法で設置が禁止されているものでもありませんし、学校の過酷な労働環境を改善していく上では、**50人未満でも、衛生委員会を設置していく**ことが必要だと思います。

もちろん、設置することや会議をすることが目的化してはいけません。形骸化した会議を増やしても、働き方改革に逆行するだけです。

前月までの各教職員の在校等時間の記録を参照しながら、過度な負担がかかりがちな先生や悩みが多い先生のケアをどうしていくか協議していく場として、衛生委員会を活用することを提案します。

また、３－３で述べたストレスチェックの集団分析結果を各学校で考察し、対策を考えていく場としても、衛生委員会は有効だと思います。

労働基準監督機関が介入するのは、多くの場合、問題が大きくなった後です。事後救済型なのです。本来は、過労死等の防止の観点からは、問題が大きくなる前に、職場改善を自律的に進める仕組みが必要です。衛生委員会や校内研修の活用を本書で提唱しているのは、そうした狙いがあるからです。

〈5〉過労死等から学び、二度と繰り返さない学校、教育行政に

5－1 教師の過労死等に関わる検証報告書の作成と全国的な共有

文科省からの都道府県・指定都市教育長宛の通知[*16]でも、過労死等に該当し得る事由で教職員が死亡した場合には、次のことが重要であるとしています。

・当該死亡等した教師等について、在校等時間等の勤務状況を確認すること
・公務災害の可能性がある場合は直ちに教育委員会に報告するよう、所属長に対して指導すること
・死亡等した教師等やその家族や遺族等から公務災害に関する申請があった際は、在校等時間の計測結

＊16 文部科学省「公立学校の教師等の勤務条件、健康障害及び公務災害認定に係る相談窓口の設置状況に関する調査結果に係る留意事項について（依頼）」（令和2年1月17日元文科初第1336号初等中等教育局長通知）

果等の関係する公文書の管理及び保存や、客観的な事実の真摯な説明など適切な対応を確実に行うよう、所属長に対して指導すること
・死亡等した教師等やその家族や遺族等に対し、相談窓口の情報提供をしたり、公務災害に関する相談に乗ったりすること

にもかかわらず、教職員の過労死等が起きても、ほとんどのケースで調査検証が行われることもなければ、検証報告書などが作られることすらありません。同じようなことが重大ないじめ事案で起きていたらどうでしょうか。学校において児童生徒の命、安全、健康を守ることは最も大切ですが、教職員の命、安全、健康を守ることも同じくらい大切なはずです。

少なくとも、以下の取り組みが必要だと私たちは考えます。
✓過労死等の可能性のある事案が発生した場合、本人の業務負荷の状況や学校の組織運営、労働安全衛生体制について、服務監督権を有する教育委員会（国立附属の場合は大学法人、私立の場合は学校法人）は調査を行う。
✓少なくとも直近3年間遡って、上記の調査を行う。
✓公務災害（国立・私立の場合は労災）認定されるかどうかを問わず、服務監督者の教育委員会等は上記の調査をもとに学校の組織運営や労働安全衛生体制などの問題、反省点などを報告書にまとめ、公表する。

✓こうした調査、公表が適切に行われていない場合、国（文科省）は、教育委員会等に対して指導する。
✓文科省は、厚労省等と連携しながら、上記の報告書を収集、分析した上で公表する。

先行指標に注目せよ

学校も教育行政等も、過労死等の事案から学習していくことが必要だと考えますが、起きてしまったことは、取り返しがつきません。今後過労死等を二度と起こさないためには、死亡事案や重度の精神疾患にまで深刻化する**もっと手前の情報収集を進め、関係者（教育委員会、校長等）へ警告したり、反省材料を広く共有したりする**ことが必要です。ヒヤリハットを共有するイメージです。第3章で紹介した航空業界が小さなミスを共有していることにも通じる話です。

企業経営などでも、遅行指標と先行指標という考え方があります。売上や利益といった業績の多くは、遅行指標と言って、成果が出るまでにかなりの時間がかかります。企業経営で重要なのは、遅行指標だけを追うのではなく、その手前の先行指標をモニタリングしていくことです。たとえば、商品・サービスへの顧客満足度、クレームの発生状況、広告のアクセス状況などです。

学校で言えば、子どもたちの学力テストの結果は、遅行指標と言えます。先行指標である、授業への理解度、学習意欲などをモニタリングして、そこに問題がありそうなら、メスを入れていかないと、有効な手立てにはなりません。

５−２　教職員の過重労働や精神的な負荷、ハラスメントに関する相談・支援機関の設置

過労死等が実際起きてしまうことが遅行指標だと捉えれば、先行指標はなんでしょうか。精神疾患が理由で病気休職する教員は年間約５０００人います。また、メンタルヘルスは大丈夫であっても、疲労が蓄積している教職員も多くいます。こうした人たちの声から、学校や教育委員会等が気をつけるべきことが見えてくるのではないでしょうか。

具体的には、服務監督を行う教育委員会等が精神疾患での休職者等へ調査を行うことがひとつの方法かと思います。ただし、配慮の足りない調査では病状を悪化させるリスクもあるため、医師等と相談の上での検討となります。職場がつらくて退職した人（これも先行指標と言えるでしょう）への調査も必要です。

もうひとつは、業務負荷が重くてとても大変な事態であることや、職場でのサポートが得られず精神的にしんどい状況であることを、個々の教職員が報告できる仕組みをつくることが有効ではないでしょうか。ただし、こうしたつらい状況にある教職員の中には、服務監督権者や任命権者の教育委員会へ不信感を募らせているケースもあります（また実際に教委の対応に問題があるケースもあります）。都道府県単位などで第三者的な相談・通報窓口を設置したほうがよいと、私たちは考えます。

いまでも、さまざまな相談窓口はあります（巻末に一覧を示しました）。つらいときは、まずは相談してもらうのが一番だと思います。ですが、単に相談を聞いてもらうだけでは、不十分です。事態（そ

の学校や業務の状況）が変わらないことには、その人は安心して職場に戻れませんし、別の人がまたしんどい思いをすることになりかねません。

私たちは、**単に相談窓口を設置するといった対策ではなく、相談を受けたあとで、その声をしかるべき責任者に伝えて対策を促すというところまでが必要**だと考えます。

４－１で提案したとおり、労基署のような調査権限（捜査権限もあります）と是正指導ができる機関が、公立学校においても活躍することが必要だと考えますが、相当大がかりな法制度改革が必要です。現行制度であっても可能なことはあります。相談や通報などで集めた声を弁護士や教育学者などの専門性のある者が診断し、教育委員会等に対応の必要性と方向性を伝えること、その後の状況がどうなったかをモニタリングする仕組みをつくることです。これは、教育委員会等が本気で過労死等をゼロにしたいのであれば、今年からでも可能なはずです。

５－３　教員養成ならびに現職教員研修等における過労死等防止授業の導入

過労死等が起きてしまうほどの過重労働と職場環境は、個々の教職員の意識やタイムマネジメント力、ＩＣＴ活用スキルだけのせいではありません（それらを高めることも重要ですが）。本書で分析してきたとおり学校の組織的な問題と、国・教育委員会の政策的な問題が大きいです。

とはいえ、同時に、個々の先生方が健康や働き方について正確な知識、情報をもって、過労死等を起こさないように心がけていくことは大切なことです。そうした個人が増えることで、よりレジリエントな（頑強で回復力のある）チーム、職場にもなっていきます。

私たちは、教員養成の段階から（教職課程において）、授業や児童生徒理解、生徒指導を行うための知識やスキルにとどまらず、**働き方や健康に関する知識やスキルを高める機会を設ける**ことを提案します。

いまでも、一部の大学等では過労死等防止の啓発授業を行っています（252頁コラム④を参照）。ぜひこうした動きを広げていただきたいですし、本書で紹介した100件近いデータや実例から学ぶということも、ご活用いただければ、幸いです。

併せて、現職教職員向けの研修でも、啓発授業や働き方を見つめなおすワークショップなどが必要です。せっかく大学等で学んできても、学校現場が変わっていなければ、むしろ若手教員等は失望し、辞めてしまうことでしょう。

厚生労働省の過労死等防止対策推進法の啓発授業は基本的に生徒・学生が対象ですが、私たちはこのような啓発研修を、文科省が企画していただきたいと考えています（私〈工藤〉も、2020～2021年の八王子市の「学校の働き方改革推進指定校」の中学校で2回お話しをさせていただきました）。

もちろん、過労死等の防止のためには、国や教育委員会等が講じなければならないことは多いですが、同時に、2－1で校内研修の活用を提案したように、各学校において、自分たちの職場は自分たちでよりよくしていくということも大切です。

未来の社会をつくっていく、子どもたちに「世の中、いろいろな問題はあるけれど、諦めてはいけない。変えていけることもあるんだ」ということを伝えたい先生は、少なくないのではないでしょうか。そのことは、過労死等がなく、多くの教職員が生き生きと働ける職場をつくることで、示していこうではありませんか。

問い

問5－1　教師の過労死等を二度と繰り返さないために、あなたが職場等で実行したいことはなんですか。①自分ひとりでできること（セルフケア等）、②職場で進めること、③国や教育委員会等に促すことに分類してもいいと思います。

問5－2　あらためて、学校における働き方改革、業務改善はなんのためでしょうか。ぜひ職場等でも話し合ってみてください。

コラム④　啓発授業から「働き方」を考える（工藤）

「過労死等の防止のための対策に関する大綱」の国が取り組む重点対策の「啓発」に、「大学・高等学校等における労働条件に関する啓発の実施」という項目があり、「これから社会に出ていく若年者の過労死等の防止に役立つ労働関係法令等の普及・啓発を行う。……労働問題や労働条件の改善等について理解を深めてもらえるよう、労働問題に関する有識者及び過労死された方の遺族等を講師として学校に派遣する啓発授業……を行う」ことがあります。

これを啓発授業と呼びますが、私（工藤）は、弁護士と一緒に、または１人で中学校から大学まで労働問題に関する授業を行っています。

中高生にとって、教師はずっとそばにいる身近でイメージしやすい大人であるので、私は教師の働き方から授業を行います。

また、私は教員の遺族であるため、大学の教職課程をとる学生さんたちに授業をすることが多く、２０１７年頃から年間約１０～１５コマほど授業にうかがっています。

教職課程をとる学生さんには、教師はとても魅力のある仕事だからこそ、心身ともに健康で働いてほしい、それを子どもたちにも伝えてほしいという願いを込めてお話をします。

内容を簡単に紹介しますと、まず我が家に起こった事案、元気な夫が他界するまでの仕事の内容、公務災害での闘いで認められなかった時間外労働の状況、給特法の問題、教師の過労死の責任の所在の曖味さをお話しして、もし自分がそのようになった時にどうするか、対策や問題点を考えてもらいます。

次に、調査・統計によって日本の教師の労働時間の長さ、公的な教育支出の国際比較をしながら、日本の教師の働き方を知ってもらい、その長時間労働が子どもたちに及ぼす影響をお話しします。過労死等に至る過程とそこからどうしたら抜け出せるかを書籍などを使って紹介しながら、そもそも「幸せになるための労働」とは何かを考えていただきます。

そして、私の活動や、声をあげる学生さんやいろいろな方の紹介をしながら、声をあげることの大切さ、未来は自分たちが変えることができる、そのためには何をすればよいかという問題提起をした後に、もし働いていて困ったことがあった時や、同僚や友だち、家族に過労死等の心配がある時の対処方法と相談機関を紹介して授業を終えます。

弁護士の先生と一緒の時は、実際の事案や労働基準法の説明を交えたり、ワークショップを行ったりもします。


最近は授業中や授業の後に、教師である親の働き方について直接学生さんから相談を受けることが増えました。軽いものもありますが、中には授業後に泣きながら、親が倒れて運ばれたのに翌日からまた勤務していてどうしたらいいかわからないというような重い相談もいくつもありました。

厚生労働省の委託授業なので、アンケートなどは厚生労働省に提出されますが、そのアンケートとは別に、担当の先生が授業の感想をレポートにして、私たちと共有していただくことが多く、この感想はたいへん学びが多いものです。

授業中はみなさん、本当に真剣に聞いていて、授業中の質疑応答や、授業後の感想もたくさん書いてくださり、私が言いたいことをしっかりと受け止めてくれていることを嬉しくありがたく思います。

反面、いただいた感想から今の教育現場の問題がたくさん見えて、なんとかしなければという思いも強くします。

感想は、多くの大学、多岐にわたる学生さんからいただいたもので、この5年間で何百人にものぼります。いただく感想も幅が広いですが、その中でも主な感想、そして考えさせられた感想をいくつかご紹介して、みなさんにも考えていただきたいと思います。

まず、私が衝撃を受けたA４用紙にぎっしりと書かれた大学１年生の感想の一部を紹介します。

「……私たちは私たちに与えられた権利を知らなすぎると思う。権利を知り行使することは自分も周囲の人も守ることにつながる。それは幸せにつながる。（中略）

次の犠牲者を出さないようにという工藤さんの努力はすごいと思う。でも工藤さんの夫はもう戻ってこない。どうして何かが起こらないと法律は変わることができないのか。私自身が誰かの犠牲の上で暮らしているかもしれないことを知った。自分で自分を守れれば犠牲は減るかもしれないと考えた。（中略）

一番思ったことは『知ってもいい』ということだ。今まで隠さないといけないと思っていた。ブラックではないと理由を探さないといけないと思っていた。でも違った。騙し騙し生きなくてもいい、ブラックだと思ったらブラックだと思っていい。自分の言葉を言葉にすればいい。そうしたら自分の言葉が誰かの支えになるかもしれないし、私ももっと誰かの言葉を聞かなくてはいけない。知るということで自分も周りのことも守れる人になりたい。心底学びたいと思った。」

本当は全文紹介したいのですが、私は3年前、この感想を読んだ時に大人が忘れている気持ちをこのように言葉にしてくれたことに凄さを感じるとともに、ずっとマイナスの気持ちを外に出してはいけないと思って苦しんで生きてきたことを吐露してくれたこの思いは、この学生さんだけではないだろうと衝撃を受けました。

我慢は美徳、マイナスのことは隠すとしてきた今までの教育や世の中のあり方について深く考え、私自身この言葉で「守られた」1人となりました。

次に、ここ数年で特に増えてきた感想で、各授業で1人はこの記述があります。

「実は中学校(小学校)の時の先生が同じくも膜下出血で亡くなったがずっと過労死だと思っていた」
「精神疾患で辞めた先生がいたが、みんなで周りの先生がなんで助けないんだろうと話していた」
「自分の親が教師で、工藤さんの夫と同じような働き方でいつも心配している」

自分の大切な先生が過労死したり精神疾患で苦しんだりしている姿や、他の先生が助けてくれない状況を見た子どもたちには、大学生になってもそのことがずっと心の傷として残っているのです。

また、授業には自分の親が心配という学生さんが必ずいらっしゃいます。オンラインの一斉授業で質問しにくい状況にもかかわらず、顔を出して真剣に質問する学生さんもいました。私はいつも、この学生さんの親御さんは、我が子の悩みや心配を知っているのだろうか、厳しい言い方ですが、自分の子どもたちをこんなに心配させて、他の子どもたちを幸せにできるのだろうかと考えてしまいます。

これには、私自身の教師時代の深い反省もあります。

私は夫が他界した後、小学校の教師として勤務していましたが、その時の退勤時間はだいたい午後9時前後でした。私が忙しく、父親がいない喪失感から、その時高校生だった長女の帰宅時間も遅くなり、小学校高学年になった次女が家に一人きりになり、毎日午後8時になると次女から、「今日も1人でご飯を食べないといけないの？　まだ帰れないの？」と電話がかかってくるようになりました。

当時、夫を過労死で亡くしているのに、子どもたちが喪失感を抱えていることも思いやれず、夫と同じように長時間労働を当たり前にしていた自分自身に気がついた時は、すでに自分が過労で倒れた後で、自分自身の意識の低さや気づけなさに衝撃を受け、自分の子どもたちにも、クラスの子どもたちにも申し訳なさで一杯でした。

それだけ教師の仕事の多忙さは、当たり前な日常となっているのだと感じます。

その他にもたくさんご紹介したいのですが、感想の多かったごく一部を紹介します。

「教師が長時間労働の見本になっているのではないかというお話が特に心に残りました」
「『死ぬために働くのではない』という言葉が特に印象的だった」
「声をあげたり、相談したりすることのできる場所があることを知るのが重要であるとあらためて感じました」

授業の感想から、先生になりたくなくなったという学生さんはほぼおらず、逆に「やはりなりたい！」「今のブラック職場を変えなくては」という感想が多いことは救いです。

また私の話を聞いて、卒業論文で教師の過労死等について書いて、実際に教師になられた学生さんもいらっしゃいます。

過労死等の重い話の中から、学生さんたちがそれぞれ大切なことをきちんと捉え、課題としてこうしていかなくてはという探究心をもち、自ら考え解決しようという姿に、私はいつも励まされます。

彼ら彼女らが教師になった時にこの気持ちが変わらないようにしなくてはなりません。今の先生方に大切なことは何でしょうか。これからの教師を育てるために必要なことは何でしょうか。

そんなことを考えるきっかけになってもらえればと思います。

コラム⑤　啓発授業から「教師」を考える（工藤）

教師になりたい学生さんにとって、大学での学びや教育実習はたいへん貴重な機会です。私（工藤）が啓発授業で多くの学生さんとお話をしたり感想をいただいたり、また新任の先生と話をしたりすると、卒業してすぐに先生（担任）になる学生さんに即戦力として必要な、もっと実践的な授業が大学でなされていたらとよく思います。

そして、先生として健康に働くためのワークルール教育がもっとなされていたらといつも思います。

私が大学生の時はちょうど「校内暴力」「荒れた学校」が社会問題となっていた頃で、大学の授業で、実際に校内暴力で崩壊した学校の校長先生のお話をお聞きしたことがとても印象に残っています。

今は当時より、もっと多くの社会的問題を抱え、そのほとんどは子どもたちや保護者に関わる問題でもあります。貧困問題、虐待、ジェンダー、教育格差などなど。

そうした中、時間は有限ですし、大学側、学生側双方にとって授業で扱えるテーマには限りがあるとは思いますが、学校が忙し過ぎる問題については、逆にタブー視されているような気がします。

実際に、啓発授業のあとでの学生さんたちの感想では、「教職がブラックだというのは失礼だから言ってはいけないと言われた」「触れてはいけない問題だと思っていた」などがかなり寄せられます。

もちろん、学校が大変だと伝えることだけでは不十分だと思います。ただ、実際の現場がどうなっていて、過労死等まで起こしかねない職場が自分や子どもたちに与える影響は何か、その中で何ができるのか、どうしていけばよいのか、どう変えていけるかなどを知り、考えることは、むしろ、教職に対しての理解をいっそう深め、魅力を知り、離職率を減らすことにつながると考えています。触れてはいけないと言われた学生さんからは、「真実を知らないので不安で先生になりたくないと思っていたが、今日いろいろと知れたので安心した。やはり教師を目指したい」というような前向きな感想が多いのです。

また、労働基準法をはじめとするワークルールや労働安全衛生法を知ることも大切なことです。

4～5年前までは、若い先生方とお話をすると「自分の勤務時間が何時から何時までかわからない」と話していました。本書でも何度か紹介している内田良先生の２０２１年の調査でも、休憩時間が何時から何時までかを知らないという先生はかなりいます。

ワークルールを知らないということは、自分の働き方を自分で把握できず、この働き方がおかしいとか働き過ぎであることがわからないということです。

給特法で残業代が出ないからといって、無制限に働くことに何も疑問を感じず、逆に残業代を貰うことがまるで悪いことのように思ってしまう方もいらっしゃいました。労働基準法で時間外労働に対する残業代の支払いは、働かせ過ぎた「罰則」でもあります。だから１・５倍と割り増しで設定されています。労働に対して正当な対価をもらうことは当然のことです。

また、労働安全衛生についても、職場での健康管理、たとえば休憩室一つとっても、民間であれば裁判で論点になるようなことも、学校現場では知らない、存在しないということが多いのです。産業医の面接は何のために行うのか、時間管理は何のために行うのか、その目的をきちんと学生の時に知ること、すぐ使えるような実践を積むことが必要です。

また、新任や若い先生がいきなり担任になって何をしたらよいかわからなかった、学生のうちに知りたかったという話もよくお聞きします。

教師生活を送る上で最初のつまずきがモチベーションにも大きく影響します。せめてスタートがうまく切れるような演習や先輩の先生からのオリエンテーションなどがあればよいのではと思います。

こうしたことは、現場で働いている先生方にも同じことが言えると感じています。

私は立場上、地域の方や先生方に「教職員の過労死等から考える働き方改革」などをテーマにお話しすることが多くあります。その場には、教員、管理職の方の他に、地域、保護者のみなさんもおられ、みなさまの感想から、私もたくさん考えさせられます。

私の過労死の遺族としての経験から、先生方は「他人事ではなく自分ごとである」と感じていただいています。そして「今まで長時間労働と自分の健康についてあまり意識したことがなかった」という感想や、「当たり前のように長時間、休日出勤をしていたが当たり前ではないと知った」という感想もたいへん多いです。これはワークルールや労働安全衛生法が浸透していないゆえの感想です。

また、ある地域の若い先生が「産まれて1歳になる自分の子どもの成長をほとんど見ることができなかったことが悲しい、これからも見られるか自信がない」とおっしゃっていたことがとても印象に残ります。

「子ども（児童生徒）たちのためにという思いは私たちの柱ですが、自分自身の幸せ、ゆとりがないなかで、どうしたら子どもたちに幸せを教えることができるのでしょうか？　元気に明るくがんばっていましたが、先生は大変ですね……と言われた時にショックを受けました」。

研修会の参加者からは、こんな感想もいただきました。

先生方の生活時間のほぼ全てが学校に捧げられ、家では寝るだけ。そんな人生で本当によいでしょうか。人生１００年時代、60歳で定年を迎えたあと（あるいは今後定年延長があり65歳以降）、先生方はどのような人生を歩まれるでしょうか。また先生方の手元を離れた児童生徒さんたちは、どのような人生を歩んでいけるでしょうか。想像してみてください。

自分の子どもの成長を見られなかった先生は、定年後、自分の家族とどう接するのか、家族の団欒や充実した生活の幸せを伝えられなかった児童生徒さんは、社会でどう生きていくのか、教育の成果はテストのように目に見えるものだけでなく、実は目に見えない成果が大きく大切なはずです。

もっと多くの先生方が、長い目で自分の人生の目標や幸せ、それを達成するような働き方について考え、児童生徒たちにも、ご自身の豊かな人生を伝えていけるといいなと思います。そのためにも、健康も働き方もきちんと自分自身で知り、考え、管理する能力が大切で、そこをもっと先生方の研修に取り入れていくべきだと思います。

・自分の働き方を考えよう――ワークルール講座

・自分と職場の健康を考えよう――労働安全衛生講座
・自分の幸せを考えよう――先生方のキャリアデザイン講座
を私からは提案したいと思います。

これらをワークショップなどで実際に話しながら共有することが、お互いの理解や同僚性を深めることにもつながります。

実は「そうした研修をしたいと思っているけれど、できない。どうしたらいいか悩んでいる」「学校で声をあげにくい」という声も多いです。

その声はどの地域でもたいへん多いので、そういう先生方が少しずつ声を出し合ってサークルを作っていくことも大切かと思います。

ただ、一番大切なのは「子どもたちのための持続的な教育活動」を行政が望むのであれば、先生が健康で生き生きと働けるような体制と予算、研修などの対策をいま真剣にとらなければ、新任の先生方から定年前の先生まで、もう限界に来ていることは事実ということです。

現に教員志望者が減少し、精神疾患の休職者数は高止まりしている現実があります。

変わらないということは、対策が十分ではないということです。

過労死等に関する私の話を聞いてくださる先生方の感想は、それは切実ですが、なんとかしたいという意欲があります。

どうか意欲のあるうちに、その声を行政、管理職の方に受け止めていただきたいのです。

健康で生き生きと幸せに働ける職場こそが、真の「魅力のある職場」なのです。

おわりに（工藤）

夫が他界して10年くらい経った時、たまたまお墓参りで生徒さんにお会いしました。「担任でもなく部活も入っていませんでしたが、日常の生活でたいへんお世話になり、ふとした時にお墓に立ち寄って話しに来るんです」と社会人になった彼は言っていました。

夫が教師として子どもたちに与えた影響は、「生きる」力と「死」への悲しみの両方があるんだなと、子どもたちからの手紙やその後の関わりを通して教えられた気がします。

社会人になった教え子たちと会うと、「働き過ぎに注意します」「先生のように過労死をしたら怒られますね」とよく言われます。

過労死等防止の活動をしている立場から、官民さまざまな過労死等事案や労働環境を見てきましたが、もしかしてその根本は学校の先生の働き方にあるのではないかと気づかされた言葉です。

がんばって弱音も吐かず朝から晩まで仕事をしている先生の姿を見て、多感で心身ともに成長する時期に一番長く教師と過ごすなかで、子どもたちは、長時間働くことが当たり前だと刷り込まれてしまっているのではないでしょうか。

その働き方が当たり前と刷り込まれているのではないか。

知らず知らずのうちにそんな労働者や経営者を育てているのではないかということです。

夫のかつての同僚の先生方は管理職となられた方も多いですが、夫の死を無駄にしないように過労死等のない職場づくりに努めていらっしゃるという話もよくうかがいます。

かつて公務災害認定に尽力してくださった同僚の先生方もまた心に傷を負いながら、夫の死を教訓に職務を務めて来られました。


命を大切にと言いながら過労死してしまった夫が伝えたかったことは何だったのか、何で命を落としてしまったのか、また現在多くの先生方の過労死等の事案に関わる立場から、きちんと過労死等の原因を検証し、防止策や啓発をしていくことが、過労死等で職を辞した「先生方」を生かすことであり、「子どもたちのため」にも先生方のためにも学校の明るい未来を作ることであると信じています。


現在「学校の働き方改革」の必要性が世論でも高まってきています。

ただ、働き方を改革するには過去の不幸=失敗の検証なしには成し得ないと考えます。コロナのワクチンを作るにもたくさんの治験を繰り返すのと同じです。

過去の失敗からどう学んで改善するか、本書がその道筋の一つとなれば幸いです。

貴重な資料をご提供いただいたご遺族、被災者のみなさま、教職員組合のみなさまに心より感謝申し上げます。執筆しながら、あらためてみなさまのご経験に想いを馳せ、二度と起こらないように今後に「生かさなければ」と心に刻みました。

第4章でお話しをいただきました先生方、また本書執筆にあたってご協力を賜りましたみなさま、ありがとうございました。

そして何より、「過労死等」という重く扱いにくいテーマの私の話を聞いてくださり、何年も前から真剣に向き合っていただいて出版まで導いてくださった妹尾さん、このテーマを扱っていただき、データの分析や執筆にたくさんの助言をいただきました編集者の桜田さんに深く御礼申し上げます。

最後に、先生方には人生を楽しむために仕事をしていただきたいです。

私のこの経験から、先生が生き生きと働く姿を見せることが、子どもたちにとっていちばんの無言の教育だと思っています。

夫は将来、子どもが独立したら早期退職して海外に移住したいとよく言っていました。残念ながら実現はしませんでしたが、今の先生方にはご自分たちの夢が現実となるような働き方をしていただきたいと強く願っております。

工藤　祥子

おわりに（妹尾）

正直「重たい」本になった、と思う。

もちろん重量のことではない。当初の予定よりページ数はかなり増えてしまったが。

実は、本書の執筆がなかなか進まない頃があった。裁判や公務災害に関する資料を集めたはいいが、その一件、一件の死と苦悩に向き合うことは、しんどいものだった。子どもを寝かしつけたあと、夜中まで授業準備をしていた先生。生徒や同僚のことを気づかって無理を重ねた先生など。本書では多くの過労死等を扱ったが、いずれも、とてもいい先生だったことが偲ばれる方ばかりだ。元気に生きておられたら、酒を酌み交わしたかった。

また、私自身、いま子育てのまっただ中ということもあって（高校生から1歳児まで5人いる）、ご遺族の気持ち、とりわけ残されたお子さんのことを思うと、つらい。本書でも紹介した天草市立小学校教諭Tさんは、命はとりとめたものの、四肢まひで、現在も寝たきりが続いている。「キャッチボールをまだまだしたり遊んでやりたかった」と書いておられるが、同じ父親としてもすごくわかる気がする。

おそらく、読者にとっても、さぞ「重たい」本だったのではないか。途中で読むのをやめようと思われた方もいたと思う。最後まで読み通しくださった方には感謝しかない（あるいは、この「おわりに」から読まれている方もいるかもしれないが、手に取っていただけただけでも、ありがたい）。

同時に、本書に込めたのは、多くの教育関係者と社会に知っていただきたいことでもあった。

「とても詳しく取り上げてくださり、本当にありがとうございました。」

共著者の工藤祥子さんからも、別のご遺族の方からも、そうおっしゃっていただいた。それだけ教師の過労死等は表に出てきにくく、これまで紹介、分析されることも少なかった。

自画自賛かもしれないが、本書ほど、教師の過労死等に真面目に向き合った本は、国内外にないと思う。試しにCiNiiで論文検索しても、まとまったものはほとんど出てこない。私たちの調査や分析もまだまだ一部しか解明できていないが、今後、多くの人の力で発展できればと思う。

本書は、共著者の工藤さんがいなければ、できなかった。多くの教員の過労死等の相談と公務災害の支援に携わってきた工藤さんの手書きのノートには、たくさんの過労死等の事案のメモがあった。これをなんとか活かしたいと思ったのが本書の出発点だった。また、過労死等の防止に向けた施策についてもお互いアイデアを出し、議論した。遺族の方にとっても納得感のある、必要性と重要性の高いものを提案できたのではないかと思う。

教育開発研究所の桜田雅美さんには、編集者としてだけでなく、データを整理したりと、リサーチアシスタント的にもご尽力いただいた。毎回とても頼れる存在だ。

本書第４章の意見交換でご登壇、ご助言いただいた先生方、また事案の資料を提供してくださった方々にもお礼申し上げたい。

本当に、日本の学校は異常なほど忙しい。喩えると、毎日台風に見舞われているようなもので、多くの先生がバタバタしている。小学校などではトイレ休憩の時間すら取れないときもある。そんななかでは「重たい」ことは脇に置いておきたい、とりあえず、目の前のことを片付けないと、という発想にもなりやすい。おそらく多くの教職員や教育行政職員が、過労死等のリスクの高い日々を送りながらも、本書で紹介した過労死等の事実を知らないでいる。勤務時間の記録すら、数字だけ取り繕っておこうとする、ずさんな労務管理の学校も増えている。

これでは、過労死等はなくならないし、今日、明日起きても不思議ではない。

それで、いいわけがない。多くの人にこれまでの教師の過労死等の教訓を知ってほしいし、一緒に考えてほしい。そんな思いがあったから、本書を完成させることができた。

私たちは、多くの先生の過労死等から学び、二度と繰り返さないように、自分たちのできることをやっていく必要がある。

「先生を、これ以上、死なせない」。

その責任という意味でも「重たい」本を出せて、よかったと思う。

教職員の幸せが子どもたちの幸せにもつながる

七夕の日に

妹尾　昌俊

【公立学校共済組合の相談サービス】

※下記の詳細は公立学校共済組合のホームページをご参照ください

◆教職員電話健康相談 24（電話による無料相談）

健康に関する悩みや相談に、保健師等の専門家が 24 時間・年中無休で対応

○予約なしで 24 時間 365 日いつでも相談可能

○利用対象者　組合員とその被扶養者　　○利用時間・相談回数制限なし

◆女性医師電話相談（電話による無料相談）

女性医師による女性疾患電話相談を中心とした女性向けサービスを提供

○予約制電話相談

○月～土曜日　10：00 ～ 21：00（祝日・年末年始を除く）

○利用対象者　女性の組合員とその被扶養者　　○利用時間　最長 20 分

◆ Web 相談（こころの相談）

電話でメンタルヘルスに関する相談をしづらい方のために Web 上で 24 時間相談を受け付け、臨床心理士が、3 営業日以内に個別に回答

○ 24 時間 365 日いつでも相談可能

○利用対象者　組合員とその被扶養者　　○相談回数制限なし

◆電話・面談メンタルヘルス相談

「心の専門家」の臨床心理士が、プライバシー厳守にてカウンセリングを実施

電話相談：月～土曜日 10：00 ～ 22：00（祝日・年末年始を除く）

○利用対象者　組合員とその被扶養者

○利用時間　　1 人 1 回 20 分程度　　○相談回数制限なし

面談予約：月～土曜日 10：00 ～ 20：00（祝日・年末年始を除く）

○全国主要都市のカウンセリングルームで実施

○利用対象者　組合員とその被保険者

○利用時間　　1 回 50 分程度（1 人年間 5 回まで無料）

〈遺族が利用できる相談サービス（MY 生活応援ネット）〉

◆ 24 時間健康・医療相談・メンタルヘルス相談

組合員と同様に教職員電話健康相談 24 ／電話・面談メンタルヘルス相談が利用可

◆ FP 相談

相続やライフプランについて FP 技能士、CFP 資格取得者が疑問や相談に対応

相談窓口

詳細は厚労省 HP

【労働条件や健康管理に関する相談窓口】

●労働条件相談ほっとライン（電話相談）

0120-811-610（フリーダイヤル）

受付時間：平日 17：00 ～ 22：00 ／土・日・祝日 9：00 ～ 21：00(12/29 ～ 1/3 を除く)

●確かめよう労働条件（ポータルサイト）

労働条件や労働管理に関するＱ＆Ａを、労働者やその家族向け、事業主や人事労務担当者向けにその内容を分けて掲載

●都道府県労働局一覧

●全国労働相談コーナー

●全国労働基準監督署の所在案内

●こころの耳（ポータルサイト）

こころの不調や不安に悩む働く方や職場のメンタルヘルス対策に取り組む事業者の方などの支援や、役立つ情報の提供

●こころの耳電話相談、こころの耳メール相談、こころの耳 SNS 相談

メンタルヘルス不調や過重労働による健康障害に関することについての無料相談

電話相談　0120-565-455

月・火 17:00 ～ 22:00 ／ 土・日 10:00 ～ 16:00（祝日、年末年始を除く）

メール相談　https://kokoro.mhlw.go.jp/mail-soudan/

SNS 相談　https://kokoro.mhlw.go.jp/sns-soudan/

【過労死の防止のための活動を行う民間団体の相談窓口】

●過労死等防止対策推進全国センター

●全国過労死を考える家族の会

●過労死弁護団全国連絡会議（過労死 110 番全国ネットワーク）

■著者紹介■
妹尾 昌俊（せのお・まさとし）　**教育研究家、合同会社ライフ＆ワーク代表**
野村総合研究所を経て、2016年から独立。全国各地の教育現場を訪れて講演、研修、コンサルティングなどを手がけている。学校業務改善アドバイザー、中教審「学校における働き方改革特別部会」など、国・自治体の委員も多数経験。著書に『こうすれば、学校は変わる！「忙しいのは当たり前」への挑戦』、『「先生が忙しすぎる」をあきらめない』（教育開発研究所）、『教師崩壊』（PHP新書）、『学校をおもしろくする思考法』（学事出版）など多数。５人の子育て中。
Mail　：senoom879@gmail.com
Twitter：@senoo8masatoshi
Web　：https://senoom.jimdofree.com/

工藤 祥子（くどう・さちこ）　**神奈川過労死等を考える家族の会代表、厚生労働省過労死等防止対策推進協議会委員、元小学校教員**
2007年、公立中学校教員の夫を突然亡くし、５年半以上の時間をかけて公務上災害の認定を得る。教師の働き方の改善に過労死等防止の観点から取り組み、講演活動や大学等への啓発授業などを行う。官民問わず、過労死で亡くなったご遺族のフォロー、また弁護士と共に過労死等の防止活動を進める。共著に『学校をブラックから解放する』（学事出版）、『教師のブラック残業』（学陽書房）。

先生を、死なせない。——教師の過労死を防ぐために、今、できること

2022年8月10日　第1刷発行

著　者　　妹尾 昌俊・工藤 祥子
発行者　　福山 孝弘
発行所　　株式会社 教育開発研究所
〒113-0033　東京都文京区本郷2-15-13
TEL03-3815-7041／FAX03-3816-2488
https://www.kyouiku-kaihatu.co.jp
表紙デザイン　長沼 直子
表紙写真　TWO / PIXTA（ピクスタ）
印刷・製本　中央精版印刷株式会社
編集担当　桜田 雅美

ISBN 978-4-86560-557-0